Educação Motora em Portadores de Deficiência

Formação da Consciência Corporal

Dados Internacionais de Catalogação na Publicação (CIP)
(Câmara Brasileira do Livro, SP, Brasil)

Frug, Chrystianne Simões.
    Educação motora em portadores de deficiência : formação da consciência corporal / Chrystianne Simões Frug. – São Paulo: Plexus Editora, 2001.

    Bibliografia.
    ISBN 10 85-85689-56-0
    13 978-85-85689-56-8
    1. Aprendizagem motora 2. Consciência corporal 3. Crianças deficientes 4. Paralisia cerebral 5. Síndrome de Down I. Título.

01-2508   CDD 613.7042

Índices para catálogo sistemático:

1. Crianças portadoras de deficiência : Educação motora : Educação física 613.7042
2. Educação motora : Crianças portadoras de deficiência : Educação física 613.7042

Compre em lugar de fotocopiar.
Cada real que você dá por um livro recompensa seus autores
e os convida a produzir mais sobre o tema;
incentiva seus editores a encomendar, traduzir e publicar
outras obras sobre o assunto;
e paga aos livreiros por estocar e levar até você livros
para a sua informação e o seu entretenimento.
Cada real que você dá pela fotocópia não autorizada de um livro
financia o crime
e ajuda a matar a produção intelectual de seu país.

Educação Motora em Portadores de Deficiência

Formação da Consciência Corporal

Chrystianne Simões Frug

Copyright © 2001 by Chrystianne Simões Frug
Direitos desta edição reservados por Summus Editorial.

Capa:
Tereza Yamashita

Editoração e fotolitos:
JOIN Bureau de Editoração

Plexus Editora
Rua Itapicuru, 613, cj. 72
05006-000 São Paulo SP
Fone (11) 3862-3530
Fax (11) 3872-7476
e-mail: plexus@plexus.com.br

Atendimento ao consumidor:
Summus Editorial
Fone (11) 3865-9890

Vendas por atacado:
Fone (11) 3873-8638
Fax (11) 3873-7085
vendas@summus.com.br

Impresso no Brasil

Aos meus Alunos Especiais

E que a força do medo que tenho, não impeça de ver o que anseio...
Que a morte de tudo que acredito não me tape os ouvidos e a boca.
Porque metade de mim é o que o grito, mas a outra metade é silêncio.
Que a música que ouço longe seja linda ainda que triste.
Que o ser humano que amo seja sempre amado mesmo que distante...
Que metade é partida e a outra metade saudade...
Que as palavras que eu falo não sejam ouvidas como prece e nem repetidas com fervor, apenas respeitadas como a única coisa que resta no homem inundado de sentimento, porque metade de mim é o que ouço, mas a outra metade é o que calo.
Que essa minha vontade de ir embora se transforme na paz e na calma que eu mereço.
Que essa tensão que me corta por dentro seja um dia recompensada; porque metade de mim é o que pensa, e a outra metade é um vulcão; que o medo da solidão se afaste, e que o convívio comigo se torne ao menos suportável.
Que o espelho reflita em meu rosto o doce sorriso que me lembra a verdade.
Que a metade de mim é lembrança do que fui, a outra metade não sei...
Que seja preciso mais do que uma simples alegria para refazer e aquietar o espírito...
E que o silêncio me fale cada vez mais.
Porque metade de mim é abrigo, mas a outra é cansaço, que a "Arte" nos aponte uma resposta mesmo que ela não saiba, e que ninguém a tente complicar, porque é preciso simplicidade para fazê-la florescer, porque metade de mim é platéia e a outra é canção.
E que a minha seja perdoada porque metade de mim é amor e a outra metade também...

Oswaldo Montenegro

Sumário

Apresentação	9
Prefácio	11
Introdução	15

1. O Programa de Educação Especial 23
  Das origens do programa de Educação Motora 23
  Plano Educacional e Educação Motora 31

2. Alguns Fundamentos 33
  Educação Motora 33
  Esquema corporal 35
  Estrutura do esquema corporal 37
  Coordenação motora 39
  Percepção espacial 39
  Percepção temporal 40
  Educação especial 41
  Algumas informações sobre a Síndrome de Down 44
  Algumas informações sobre a Paralisia Cerebral 46

3. **Educando Crianças com Necessidades Especiais.** 51
   As atividades do Plano de Educação Motora 51
   Avaliação 60
   Planos de aulas 70

4. **Relatórios de Aulas** 87

Referências bibliográficas 101

Apresentação

É sempre prazeroso referirmo-nos às pessoas que queremos bem. Esse é o caso da professora Chrystianne Simões Frug. Tive o privilégio de desfrutar de sua convivência no Curso de Especialização em Educação Motora na Fefisa e posteriormente no Curso de Mestrado em Educação na Universidade Metodista de Piracicaba. Na verdade, os referidos cursos implicaram alguns anos de estudo, tempo suficiente para conhecê-la como pessoa e profissional. Chrystianne reflete no seu trabalho o que ela é como figura humana, ou seja, disciplinada, com forte apego à vida, às pessoas e à natureza. Esses predicados fazem dela uma profissional entusiasmada com os estudos em sua área (Educação Física Adaptada) e, acima de tudo, ao pôr sempre o amor em primeiro lugar. Só quem teve a oportunidade de vê-la atuando profissionalmente, interagindo com as crianças portadoras de algum tipo de deficiência mental, sensorial ou física, é que pode depreender o verdadeiro significado da palavra "amor". Chrystianne é amada por seus alunos na mesma proporção que os ama. A interação se dá até mesmo pelo olhar. A comunicação que ela mantém com seus alunos é total, plena. Penso ser esse o seu diferencial em relação aos demais profissionais que conheci nessa área.

Em sua tese de mestrado, quando desenvolveu o conteúdo experimental com crianças portadoras de Síndrome de Down e com outras que apresentavam paralisia cerebral, ela proporcionou uma amostra do que é possível quando se trabalha com amor e dedicação extrema. Os resultados obtidos por ela na pesquisa constituem provas inquestionáveis do que "é possível" quando concentramos todos os nossos esforços na busca de um ideal. Tenho absoluta certeza de que não exagerei nessa apresentação, pois também fui testemunha do projeto desenvolvido sob sua coordenação na Fefisa, com crianças da comunidade de Santo André. Assim sendo, minha conduta nessa tarefa de apresentá-la não poderia ser outra senão a de fazer justiça a uma pessoa dotada do mais amplo sentido de humanismo, de ética e de profissionalismo. Agradeço à amiga e ex-orientanda Chrystianne ter me proporcionado esse momento, o qual, intencionalmente, transformei numa manifestação de carinho e admiração, ao mesmo tempo que a desafio para o curso de doutorado.

Prof. dr. Ademir De Marco

Prefácio

Quando se afirma que o século XX foi o "século do corpo" – e que certamente o século XXI continuará a sê-lo –, devemo-nos perguntar: de que corpo? Há sem dúvida um enorme acervo de novas perspectivas e de contribuições teóricas produzidas sobre o corpo. Podemos pensar, a título de exemplo, nas contribuições que nos trouxeram os estudos sobre a imagem e o esquema corporal, o papel central do corpo no desenvolvimento infantil encarado sobretudo por H. Wallon e por J. Piaget, e a perspectiva filosófica fenomenológica que investiu o corpo de uma dignidade central no contexto do humano.

Podemo-nos perguntar onde está, em todo este contexto, o corpo da pessoa com uma condição de deficiência. De fato, todo este interesse sobre o corpo, tendo-o elevado para uma visibilidade e dignidade antes inexistente, acabou por se centrar no interesse e na celebração do corpo são e belo. Falta-nos ainda muita reflexão sobre os corpos diferentes também designados por "corpos extraordinários".[1]

---

1. Thomson, Rosemarie. *Extraordinary bodies: figuring physical disability in American Culture and Literature*. Columbia University Press, 1997. Nova York.

Freqüentemente se entende o corpo da pessoa com condições de deficiência para além dele, ou mesmo fora dele. Como se o corpo fosse um empecilho ou apenas um aspecto na totalidade da pessoa, ao qual não é preciso dar muita importância. O progresso seria conseguido pela negação do corpo.

É necessário, no entanto, reafirmar que a importância que se tem dado ao corpo nas suas múltiplas dimensões, ao longo do século XX, mantém-se a mesma quando nos debruçamos sobre o significado da corporeidade no desenvolvimento e na vida de relação das pessoas com condições de deficiência.

Também aqui o corpo tem um significado próprio e único. Porque é pelo corpo – seja ele canonicamente considerado mais ou menos belo ou saudável – que é carreada a nossa experiência no mundo, bem como expressa a nossa presença nele.

Na educação de crianças e jovens com condições de deficiência há freqüentemente o impulso – um tanto manifesto – de "ignorar" o corpo, "ultrapassá-lo" e superá-lo. Como se a educação tivesse por objetivo desenvolver um ser "acorporal" ou que ele fosse desvalorizado como mero sinal visível da incapacidade.

Na verdade, a célebre frase de Chipraz "O meu corpo sou eu no mundo" mantém a sua pertinência quando se trata de pessoas com condições de deficiência. O corpo é sempre a sede da experiência e o testemunho permanente, sensível e abrangente da nossa vivência como pessoas. O corpo é, também para as pessoas com condições de deficiência, uma bússola no caminho para o bem-estar e superação.

Não é pois sustentável que, pelo fato de existir uma condição de deficiência, a educação motora assuma um papel subalterno. Ela deve certamente assumir cambiantes metodológicas distintas, mas não pode ser suprimida nem sequer menosprezada.

O livro de Chrystianne Simões Frug é mais uma contribuição para a reflexão sobre como conceber um programa de intervenção com crianças e jovens com Síndrome de Down e paralisia cerebral. Crianças que nos dizem:

> Eu sei que o meu corpo fala mesmo quando eu estou calado
> Só precisava mesmo era de quem o escutasse...
> De quem me escutasse...
> Com a delicadeza de um convidado,
> Com a cumplicidade de um íntimo
> Mas com a surpresa de um descobridor.

Prof. David Rodrigues

Introdução

Este livro nasceu a partir da dissertação de mestrado que apresentei na Universidade Metodista de Piracicaba – Unimep –, tendo sido aprovada em 1998. Meu estudo partiu da hipótese de que a intervenção da Educação Motora em crianças portadoras da Síndrome de Down (SD) e com Paralisia Cerebral (PC) teria como efeito a formação e o desenvolvimento da Consciência Corporal, aprimorada com atividades motoras específicas e com planejamento educacional adequado, preservando e estimulando a espontaneidade e a individualidade.

A preocupação central do trabalho de mestrado consistiu, então, na definição de uma estratégia metodológica a ser desenvolvida de forma sistematizada com esses dois grupos de crianças. Há muito venho trabalhando com crianças portadoras de deficiência física e/ou mental – incluindo a sensorial em alguns casos –, e tenho observado o desabrochar de uma consciência corporal. O programa de intervenção pela Educação Motora desenvolveu-se em minha atividade profissional quando pude notar diferenças significativas nas crianças com quem trabalhava, e ao sistematizá-lo para apresentar minha dissertação de mestrado permitiu-me poder transmiti-lo aos colegas neste livro.

Com a estruturação de recursos metodológicos apropriados, com todo estudo realizado para fundamentar a proposta, verificou-se que, por intermédio do brincar, do construir, do criar e do aprender, a formação da consciência corporal pode fluir de maneira marcante.

A preocupação básica sempre foi a de desenvolver procedimentos atuantes que envolvessem o Esquema Corporal, a Imagem Corporal e Corpo propriamente dito, sem perder de vista a formação do indivíduo como ser humano, considerando sua força, sua energia, e possibilitar assim a proporcionalidade e o equilíbrio do movimento.

São numerosos os movimentos que participam da imagem e da consciência corporal. No caso de crianças com deficiências, seja física, mental ou sensorial, devemos pensar, também, numa concepção especial de mundo em que seja possível incluir um tipo de relação com o corpo para integrar pessoas com necessidades especiais.

Na interação com essas crianças, o programa de Educação Motora foi, aos poucos, sendo desenvolvido, visando ao aprimoramento das habilidades naturais, bem como à formação da consciência corporal de pessoas com necessidades especiais, e sistematizado no trabalho de mestrado com crianças excepcionais entre seis e dez anos.

Por que pela Educação Motora? Porque a Educação Física acaba negligenciando a inteligibilidade do corpo; a Educação Motora propicia o desenvolvimento global do ser humano, permitindo que a pessoa possa se expressar em sentimentos, em pensamentos, como um corpo completo, não apenas biomecânico.

A motricidade humana, além de ser um processo adaptativo, evolutivo e criativo, é uma expressão práxica de um ser "carente" dos outros, que não existe sem o "outro" numa interação.

O desenvolvimento da consciência corporal dessas crianças é possível quando se consegue montar um programa que atenda a todas as habilidades naturais infantis, não sendo esquecidos outros aspectos como a valorização da infância, mesmo em se tratando de crianças deficientes, a modificação dos conteúdos, a forma de desenvolvê-los nesse caso e, finalmente, o ambiente ensino–aprendizagem adaptado a cada necessidade. Sem isso não é possível a realização do trabalho, pois o objetivo não é a *performance*, visamos sim a intencionalidade, sensibilidade, expressão, compreensão e orientação, de forma que todas as atividades sejam executadas em sua total possibilidade. Esta, sim, é a diferença marcante entre Educação Motora e Educação Física.

A pesquisa realizada para a defesa do mestrado foi feita com 18 alunos de faixa etária entre seis e dez anos, de ensino filantrópico, da Associação de Pais e Amigos de Excepcionais de São Paulo (Apae), onde atendemos sete crianças com Síndrome de Down (SD), e da Associação Quero-Quero de Reabilitação Motora, com 11 crianças portadoras de Paralisia Cerebral (PC).

Um mês antes de iniciar a pesquisa, foi feita uma reunião com os pais ou responsáveis por todas as crianças que a integrariam. Foram expostos os objetivos, os métodos de trabalho e a duração da pesquisa, e esclarecidas as dúvidas. Os pais concordaram por escrito com a participação das crianças.

Nessas entidades são atendidas crianças de classes sociais alta, média e baixa, conveniadas e particulares. Na Apae, demos início às atividades em 3 de agosto de 1995, utilizando uma sala de 120 m², às quintas-feiras, das 13 às 15 horas, com término em 13 de dezembro de 1995. Na Quero-Quero, o atendimento deu-se numa sala de 25,38 m² e um salão de 15 m² às quartas-feiras, com início em 10 de maio de 1995, no período das 8 às 9 horas trabalhando com o grupo A (seis crianças), e das 13h30 às 14h30 trabalhando com o grupo B (cinco crianças), totalizando 11 crianças, com término em 13 de dezembro de 1995.

Apenas para frisar, as atividades propostas no período de avaliação respeitaram os dois grupos distintos, adequadas às diferenças e às dificuldades.

Os dados, coletados por filmagens no sistema de videocassete e retratados com uma câmera fotográfica, foram analisados em avanço quadro a quadro por um professor de Educação Física devidamente treinado para essa tarefa.

Comparando os dois grupos, podemos inferir que os Paralisados Cerebrais apresentaram os níveis de QI mais preservados, chegando um PC severo a alcançar 50 de QI, enquanto uma criança com Síndrome de Down severo alcançava 25 de QI ou abaixo disso; no entanto, em termos motores, os portadores da Síndrome de Down eram todos totalmente independentes, ao contrário dos PCs que, neste grupo de estudo, eram todos totalmente dependentes.

O mesmo conteúdo foi aplicado aos dois grupos, respeitando suas individualidades e peculiaridades e, quando necessário, houve adaptação para que todos o fizessem. Por exemplo: os portadores da Síndrome de Down andaram sobre linha sozinhos e com total independência, ao contrário dos PCs, que fizeram com auxílio, pois são dependentes de cadeira de rodas.

Segundo Le Boulch, a formação da consciência corporal ocorre entre zero e 12 anos, dividindo-se em etapas de desenvolvimento. As crianças estudadas neste trabalho encaixavam-se na etapa do corpo percebido e representado. Observou-se uma grande dificuldade na representação da figura humana para o grupo com PC, que só conseguia perceber em foto ou jornal o corpo e suas partes, mas conseguiam nomear as articulações como joelho, cotovelo e tornozelo. Já as crianças com Síndrome de Down tiveram maior dificuldade em nomear o corpo, suas articulações e suas partes, mas, em compensação, conseguiram representar a figura humana por meio de desenhos.

Note-se que, independentemente do tipo de comprometimento, ambos conseguem perceber o seu corpo, mesmo com a diversidade. É possível, assim, apenas adequar o método para que cada um, à sua maneira, tenha a possibilidade de troca com outros seres, pois é por intermédio da experiência e dessas trocas que se dá a consciência corporal.

Trabalhar com a formação da consciência mediante a Educação Motora tem sido muito estimulante, principalmente por contribuir para uma melhor qualidade de vida e movimentação, e foi especialmente gratificante com esses dois grupos que, além de contribuírem com a pesquisa, conseguiram reforçar e aprimorar seu desenvolvimento e desempenho.

Os PCs atuaram o tempo todo fora da cadeira com vistas à obtenção de mobilidade e de uma troca muito maior. Conseguiram nomear as figuras e fotos recortadas, transferindo a nomeação para as partes de seu próprio corpo.

Com essa interação com os PCs por cerca de oito meses e meio e com os Down aproximadamente cinco meses, foi possível sistematizar um programa específico como método alternativo para desenvolver a formação da consciência corporal.

A Educação Motora para Portadores de Necessidades Especiais (PNEs) auxilia na formação da consciência corporal; por meio deste novo paradigma propicia-se o desenvolvimento global da criança, fazendo com que ela seja valorizada na expressão de seus sentimentos e movimentos.

Para tanto, colocadas em pauta todas as habilidades sensoriomotoras da criança, divididas por fases (I, II e III) que se alteram em relação às dificuldades anteriores a serem supridas, voltadas para a Educação Motora na escola, evidencia-se que para levar em conta a valorização da infância e de tal currículo é necessário aproveitar o que eles sabem fazer de melhor – brincar com suas habilidades (Vigotsky).

Os grupos estudados são bastante distintos em muitos aspectos:

1º Os PCs na sua grande maioria são dependentes de cadeira de rodas, enquanto no outro grupo apenas alguns alunos fazem uso dela.

2º O currículo das escolas para PCs não inclui, em geral, Educação Física nem Educação Motora.

3º As crianças com Síndrome de Down são, em geral, independentes em termos motores, quando o nível de QI é médio, situando-se em torno de 40 a 50 pontos.

4º As escolas para portadores da Síndrome de Down têm no currículo Educação Física mas não Educação Motora, pois as instituições objetivam desenvolver modalidades esportivas para entrar em competição especializada.

5º Com o grupo de PCs estudado para o mestrado, da escola Quero-Quero trabalhamos em salas bem menores (25,38 m² e 15 m²), comparadas àquelas nas quais desenvolvemos o trabalho com as crianças com Síndrome de Down na Apae (120 m²). Este dado não foi estudado, mas notamos que a falta de espaço dificulta o desenrolar de certas atividades.

Por isso, essas diferenças devem ser devidamente identificadas para montar o programa, pois a consecução dos objetivos deve ser a mesma, variando as formas e efetuando-se adaptações quando necessário, em razão de algumas das diferenças citadas, bem como dos materiais disponíveis em relação ao espaço.

CAPÍTULO 1

O Programa de Educação Especial

Das origens do programa de Educação Motora

Contarei com mais detalhes o desenvolvimento do programa de Educação Motora para crianças com necessidades educacionais especiais, de forma a deixar o leitor mais inteirado da base conceitual.

A Educação Motora visa ao desenvolvimento e à formação da consciência corporal, e não apenas ao desempenho físico. O profissional competente para isso é um educador físico, com conhecimento em educação especial que o capacite a interagir com os mais diversos quadros apresentados pelas pessoas portadoras de deficiência, seja física, mental ou com algum déficit sensorial.

O programa é dirigido a um público com características bastante diversas, como já mencionado, e de idades também diferentes – de três a sessenta anos. O importante é formar ou aprimorar a consciência corporal dos alunos. O local pode ser qualquer um, desde que atenda à população de pessoas deficientes, em sua comunidade – bairro ou cidade.

Os recursos e materiais diversos utilizados têm sido sempre em conformidade com o que a escola ou centro comunitário oferece. Aproveita-se de tudo, como bolas de borracha, de plástico, de pingue-pongue, de tênis, bolas com ventosa, bolas de guizo, de pano, banco sueco, papel craft, papel sulfite, giz de cera, lápis, tintas, arcos, bexigas, bastões, bonecos e tudo o que houver, além de músicas variadas.

Outras atividades devem ser realizadas, a título de avaliação, como desenhos, recortes e colagens, visando à identificação da figura humana e sua imagem retratada por todos os alunos; é importante que cada um deles reporte ao professor a figura e suas partes do corpo, o que constitui uma avaliação da consciência corporal. Os recortes a serem pesquisados pelos alunos partem da escolha de uma figura ou dos desenhos de sua própria autoria, aproveitando-se para fazer a nomeação das partes do corpo. Depois, na seqüência, são feitas a colagem e a comparação de todos os desenhos e recortes em relação ao próprio corpo, imitando a figura devidamente selecionada.

O programa em si consiste em proporcionar às crianças situações em que elas possam realizar atividades como andar, correr, saltar, equilibrar, quicar, lançar, arremessar, chutar, receptar, de expressão corporal, de resistência pulmonar, de ritmo, transportar, levantar, trepar, rastejar, tracionar, quadrupedar, transpor e jogar de maneira criativa. Nesse contexto, são propostas formas básicas de trabalho, modificando, quando necessário, a maneira de atuar a fim de facilitar a realização da atividade e auxiliar a criança a suprir sua dificuldade.

O estudo realizado na Apae e na Escola Quero-Quero foi fundamental para sistematizar o programa de Educação Motora, pois, concluído, diante do que foi experimentado, vivenciado e amadurecido do ponto de vista conceitual, podem-se propor algumas modificações em três fases importantes do trabalho:

- nos conteúdos a serem trabalhados;
- no ambiente de ensino–aprendizagem;
- e na relação professor–aluno, de modo que possamos desempenhar papéis sociais mais amplos.

Segundo Le Boulch, quando há troca do "ser" com o mundo que o cerca, suas experiências têm um valor muito maior, o que certamente contribui para a formação da consciência corporal.

Isso é importantíssimo no trabalho com os deficientes, pois, assim que percebemos a grande ansiedade dos PCs de saírem de suas cadeiras de rodas, sempre com auxílio, evidenciou-se que a troca com o mundo proporcionada pela atividade iria contribuir para o desenvolvimento de sua consciência. Por exemplo, para andar sobre linhas, se não tivessem o apoio para se locomover, não realizariam a atividade; porém, ao realizá-la, estavam vivenciando um fato novo. Já as crianças com SD realizavam a atividade de maneira independente, sem nenhum auxílio. Todavia, é importante destacar a participação ativa dessas crianças, que, mediante a interação proporcionada pelas atividades da Educação Motora, estavam se movendo e sendo valorizadas, e isso proporcionou outras trocas.

As dificuldades das primeiras aulas vão desaparecendo, estas vão transcorrendo de forma mais produtiva conforme o nível de independência e com a melhora da consciência corporal. As dificuldades para saltar ou transpor materiais, sentidas por alguns, podem ser superadas por meio da repetição, uma prática própria da atividade de Educação Física. As crianças PCs mais dependentes também necessitam de auxílio para saltar e transpor em razão de um quadro motor que afeta o equilíbrio dinâmico. Com supervisão, entretanto, alcançam os objetivos de maneira satisfatória. A valorização do movimento existente é muito importante para a formação da consciência corporal.

Acompanhando as atividades com as crianças com SD da pesquisa, pode-se notar que a maior dificuldade estava na atenção e na execução, em decorrência da combinação de várias habilidades envolvidas. Com relação aos PCs, a atenção não foi um grande problema, mas a execução sim, por ser esta mais lenta para essas crianças. Podemos afirmar que todas as crianças portadoras de deficiências necessitam receber auxílio por causa do aspecto motor ou da dificuldade em manter a atenção quando várias habilidades estão combinadas na tarefa, exigindo movimentos mais complexos para as finalizações.

No entanto, todas as propostas podem ser realizadas com a superação das dificuldades. As crianças percebem a finalidade das atividades e gostam a cada dia mais delas, em razão dos movimentos realizados, nos quais seus corpos são exigidos de forma global.

A proposta propriamente dita constitui um "programa alternativo" para portadores de deficiência porque contribui especialmente na modificação de condutas e na ampliação das opções com relação às próprias atitudes, demonstrando, pela sua consciência corporal, novas possibilidades de ser especial com seus movimentos aperfeiçoados por intermédio de um programa de Educação Motora na escola.

Tem sido de grande valia interagir com pessoas deficientes por meio da Educação Motora, pois somente assim podemos perceber o quanto é importante "usufruir" um corpo, mediante atividades que propiciam estímulos intelectuais e movimentos, ao se utilizar sua totalidade em razão de uma participação passiva ou ativa. Partindo desse princípio, é importante uma proposta interativa que trabalhe a inclusão por meio da Educação Motora, tendo como base a contribuição para uma melhor qualidade de vida.

Considerando-se os grupos estudados no trabalho de mestrado, surge a seguinte dúvida: como uma criança PC "andaria" sobre linhas da mesma forma que uma SD? Pensando na "paralisação" do movimento da PC, em virtude da sua insuficiência de tônus muscular, sobre cadeira de rodas, nunca seria possível! Mas o seria se estivesse livre das "amarras" e fosse auxiliada para que se sustentasse e movimentasse, além de se levar em conta que o objetivo do trabalho poderá ser estendido a longo prazo, obedecendo às possibilidades da criança.

O mesmo ocorre quando pensamos em crianças com SD que, sem o auxílio de sustentação, com outras dificuldades, como equilíbrio e velocidade, se não tiverem suas possibilidades respeitadas, com certeza não apresentarão um desenvolvimento da consciência corporal.

Como se pode afirmar que tais grupos são tão distintos em razão das "amarras" ou barreiras, se as necessidades de movimento e qualidade de vida são as mesmas?

Ao longo dessa experiência com pessoas deficientes e durante a pesquisa do mestrado, consideramos que tem sido gratificante dar a cada criança a possibilidade de aproveitar a infância, com energia, com vontade de se movimentar, de participar, de criar e de crescer, considerando uma proposta flexível que atenda às suas necessidades básicas e vitais, ou seja, conhecer seu próprio corpo, interagindo com todas as suas possibilidades e oportunidades.

Para essas pessoas, adultos, jovens ou crianças, as oportunidades são muito importantes, pois em que momento uma criança PC, a não ser na fisioterapia, nas horas de higiene e no banho, sai da cadeira de rodas? Será que não há oportunidade de intervir na Educação Motora para que isso se concretize? Pois é aí que se encaixa esta proposta, sem esquecer as modificações que podemos propor com relação ao próprio ambiente da aprendizagem, aos conteúdos, e como trabalhá-los, visando valorizar o sentimento, as ações, as expressões, o corpo em sua totalidade. Por isso, temos de nos dispor a utilizar a própria sala de aula das crianças, com os materiais disponíveis nas escolas, junto com sucata, elaborando, cada um à sua maneira, a forma que melhor lhes aprouver dentro do objetivo pretendido para cada atividade.

O importante é perceber a linguagem corporal de cada grupo, notar sua diversidade. Sabemos que os SDs, em sua maioria, podem verbalizar fluentemente, ao contrário dos PCs que, em geral, o fazem por gestos e indicações de alfabetos específicos, ou sobre as pranchas das respectivas cadeiras de rodas.

A proposição de atividade, no mais das vezes, é motivo de euforia para os alunos: os portadores de deficiência mental, porque participam de uma ou de diversas atividades de Educação Física, pela Educação Motora, diversificando seus conteúdos e intenção, criando muito em cada resposta corporal e esquecendo-se um pouco das formas dirigidas e bem elaboradas da Educação Física escolar, apresentada pelos professores das instituições.

Da mesma forma, há grande euforia por parte dos portadores de deficiência física que, só de pensar na possibilidade de trabalhar fora de suas cadeiras de rodas, ficam por alguns momentos espásticos, demonstrando sem verbalização, numa leitura diferente e sofisticada de músculos e movimentos, a valorização do seu corpo cheio de intencionalidades, o que propicia expressão em resposta ao estímulo da Educação Motora.

O "segredo" é respeitar o aluno em seu objetivo, sem se esquecer do tempo que cada um poderá levar quanto à proposta de atividade, a qual exige seus corpos de maneira global, por meio de um "programa alternativo" que só a Educação Motora permite.

Podemos chegar a algumas conclusões:

- A metodologia utilizada para o desenvolvimento da consciência corporal com crianças portadoras de deficiência física ou mental consta de três etapas: movimentos simples, movimentos combinados e consciência corporal.
- As etapas devem ser executadas de forma gradativa e progressiva, iniciando-se com movimentos básicos e simples, passando por movimentos combinados, até atingir os movimentos e as atividades mais

complicadas que culminam com a estimulação da consciência corporal.

- A metodologia empregada no trabalho com pessoas portadoras de deficiência mental deve ser diferente daquela utilizada com pessoas portadoras de deficiência física, pois estas apresentam maior dificuldade motora, tendo inclusive de ser sustentadas para a realização das atividades.
- A realização das três etapas dá-se em tempo de aquisição diferente, pois os portadores de deficiência mental demonstraram maior lentidão para a aquisição da consciência de tais habilidades.
- A mesma proposta das etapas aplica-se de maneira diferenciada para os deficientes físicos, que, na maioria, são dependentes, com dificuldade maior de realização em face de comprometimento motor.
- As adaptações da proposta metodológica devem ocorrer sempre em razão do grupo de alunos, garantindo a necessidade de trabalhar com a Educação Motora para uma maior conscientização de corpos e movimentos com suas partes, podendo, assim, toda e qualquer criança seguir esta metodologia para trabalhar seu corpo.
- Os portadores de deficiência física na condição de total dependência precisam sair da cadeira de rodas e trabalhar, com a ajuda necessária, o movimento corporal e sua suposta imobilidade decorrente da dificuldade motora.
- Os resultados são vistos a longo prazo, não de imediato, obedecendo às possibilidades do grupo traba-

lhado, respeitando seu ritmo e as individualidades. Ratificando: sempre que necessário, adaptações devem ser feitas.

- A modificação dos conteúdos e da aprendizagem – como trabalhar com as adaptações de sustentar uma criança para andar sobre uma linha, para chutar uma bola etc. – valoriza os sentimentos, as ações, a expressão e o corpo.

- Nesta metodologia, as crianças percebem o corpo e sua linguagem corporal, sendo possível, portanto, criar possibilidades de movimento corporal e interpretar as intencionalidades da ação motora pela Educação Motora.

- Esta metodologia permite, ainda, vivenciar o corpo como objeto por intermédio da Educação Motora, considerando as experiências da infância, controlando partes do corpo, promovendo estímulos diferentes, a autonomia, independentemente da forma com que se dá o movimento.

Plano Educacional e Educação Motora

A Educação Motora atua como ponto central de um desenvolvimento físico satisfatório, positivo, de um atendimento que é comumente oferecido a crianças, adolescentes e adultos do Ensino Fundamental. O aluno com necessidades especiais também tem direito a ela, por isso deve ser estimulado de forma adequada, partindo-se de um princípio básico – a consciência corporal.

A melhor maneira é fazer um trabalho integrado com outras áreas de atuação educacional, por exemplo, com fonoaudiólogos, psicólogos, pedagogos, educadores físicos etc. A estimulação nada mais é do que dar oportunidade à criança para desenvolver suas capacidades, ajudando-a a alcançar as fases seguintes do desenvolvimento.

Deve-se observar a criança, percebendo o que ela faz com facilidade e o que lhe parece mais difícil. Cada criança é única e individual, e a estimulação deve ser feita de acordo com o que ela apresenta e com suas características.

Todas as crianças passam pelas mesmas fases de desenvolvimento, a seqüência é invariável – a velocidade é variável.

Na estimulação aparecem objetivos em cada fase da criança: cabe ao profissional fazê-la aproveitar ao máximo, adequando-a, preparando-a para realizar atividades cada vez mais complexas.

A Educação Motora contribui com jogos, brincadeiras e relaxamento, instrumentos importantes para ajudar essa estimulação que favorecerá a criança na aquisição de prazer, autoconfiança e satisfação. A Educação Física faz do corpo apenas um objeto de uso articulado, com repetições mecânicas, deixando de lado a inteligibilidade do movimento. A Educação Motora revela a transcendência, a quebra da visão tradicional, enxergando o homem global integrado à sua totalidade de vida, representado pela relação corpo–alma–natureza–sociedade, que é a condição para a existência, sem dúvida alguma.

CAPÍTULO 2

Alguns Fundamentos

Educação Motora

De uma proposta mais abrangente, elaborada inicialmente, foram detectados alguns pontos que necessitavam de algumas alterações para propiciar a formação da Consciência Corporal em Crianças Especiais de seis a dez anos, estudadas na pesquisa do mestrado. Essas alterações envolveram:

- conteúdo;
- ambiente da aprendizagem;
- habilidades naturais da criança.

O conceito de motricidade precisava ser incluído na ação educativa, transformando-se na vertente pedagógica que é a Educação Motora. Esta é a proposta da Educação Física ampliada pelo conhecimento da motricidade humana e desenvolvida por experiências de autodescoberta e de autodireção do educando.

Assim, para que o processo seja viabilizado e compreendido, é necessário que haja uma mudança na abordagem da

Educação Física para Educação Motora, mas não somente no aspecto conceitual: pretende-se a geração de mudanças das práticas no âmbito profissional, definindo os objetivos e objetos a serem aprimorados, interpretados de maneira a vir ao encontro dos sujeitos e seus corpos.

Corpos que anteriormente eram "disciplinados" nas aulas de Educação Física hoje se podem movimentar, transcender com intencionalidade dinâmica que promova a integração, e valorize o lúdico, a expressão corporal, os jogos etc., sem perder de vista a totalidade do ser humano, dos portadores de deficiência, que também têm corpo, alma e plasticidade.

É preciso mudar as terminologias, renovar e alterar conceitos para a superação da abordagem do homem na história da Educação Física e na Educação Motora. Não se pode esquecer que a educação que damos às crianças tem de ser praticada e compreendida na sua totalidade, como se fosse um cristal em movimento (prática), avaliada pelo número de faces iluminadas (compreensão do observado).

E o aluno especial?

As atividades físicas são inadequadas aos corpos não-atléticos, e por isso muitos são ridicularizados ou desprezados.

Afirma-se, de maneira muito apropriada, acerca de valores ético-políticos, que o homem não pode conhecer nem conhecer-se afrontando ou desprezando o próprio corpo. É pelo corpo que podemos atingir uma concepção global do homem; é pela linguagem corporal que o homem ganha um meio extraordinário de comunicação e diálogo. Para Vieira e Cunha (1981), o corpo constitui tanto interna como externamente o mais importante ponto de referência e de relação; revela uma personalidade, uma cultura e por decorrência um papel social; não pode ser concebido como simples máquina a serviço do espírito, porque, sem ele, o espírito é impensável. É pelo corpo que o homem capta seus limites, tanto biológicos como psicológicos. É por meio do corpo que a cultura se une à unidade humana, resultando no Homem Integral. Para ele, as atividades corporais valorizam a educação e o lazer; enfim, as atividades que levam à consciência corporal exercitam a criatividade, a liberdade e a alegria proporcionada pelo bem-estar.

A consciência corporal desloca a meta do esforço em compreendê-la: não se compreende na passividade da pessoa que contempla a sua própria vivência, mas no aprendizado que uma pessoa tem a partir do significado de sua própria experiência.

Esquema corporal

Numerosos termos semelhantes dizem respeito à mesma forma e ao mesmo aspecto de esquema corporal, o que dificulta a compreensão. O que se segue é um apanhado de diversos autores estudados para elaborar a referida dissertação de mestrado.

Primeiro, o conceito de esquema corporal está atrelado ao processo das sensações. O aparelho sensório está associado à construção do esquema corporal. Imagem corporal é a figuração mental do nosso corpo, isto é, a figura formada em nossa mente, diferente de esquema corporal que é a experiência imediatamente percebida de uma parte do corpo. O perceber, por sua vez, é um processo do psiquismo, por isso existe de modo individual e se refere ao que se experiencia com a sensação.

Assim, esquema corporal define-se como uma tomada de consciência formal do indivíduo no seu mundo das sensações, ou ainda uma maneira de expressar que "meu corpo está no mundo". É o núcleo fundamental da personalidade e é a partir dele que são organizados todos os comportamentos e condutas. A consciência de si é que determina a consciência do mundo. O esquema corporal não é composto unicamente por imagens, mas em especial por relações, pois envolve a relação entre o espaço gestual e o espaço entre objetos. Ele pode ser ainda considerado um alongamento da atividade psicomotora elementar e das relações do indivíduo com o meio.

A estruturação do esquema corporal ocorre em três etapas na evolução psicomotora. A primeira é a do corpo vivido, em que a criança identifica seu corpo reconhecendo-o como objeto, conquistando resultados diante de confrontos e experiências vivenciadas. Segue a etapa do corpo representado, que vai dos sete aos 12 anos, constituindo a base das operações concretas. O esquema corporal ou imagem do corpo, vistos como uma intuição do conjunto ou conhecimento imediato que temos do nosso corpo estático ou em movimento, tem diferentes relações entre si e nas relações espaço–objeto.

Por um lado, a auto-imagem está condicionada à hereditariedade, à educação e à auto-educação, considerando-se a dinâmica de quatro componentes: movimento, sensação, sentimento e pensamento. Por outro, a realidade do nosso corpo pode dividir-se em dois campos:

- esquema corporal-fisiológico;
- imagem corporal-psicológica.

Contudo, para nós professores, consciência corporal é o conhecimento do corpo e da imagem corporal refletida no autoconhecimento, ao lado de outros aspectos sensórios. Por essa razão, os termos consciência corporal e reconhecimento do físico foram adotados, independentemente da aparência ou do problema do deficiente.

Estrutura do esquema corporal

Fase do corpo vivido (0 – 3 anos)

Desde o nascimento até os dois meses de idade, as ações da criança são essencialmente sensórias e motoras, representando, assim, um comportamento reflexo, dominado pelas necessidades orgânicas e ritmado pela alternância alimentação–sono.

Pela necessidade de movimentar-se e de explorar tudo o que a cerca por movimentos globais, a criança enriquece sua experiência motora e começa a diferenciar seu próprio corpo do mundo dos objetos. Junto a essas vivências dá-se a estruturação da imagem do corpo, além da organização e estruturação de novas ações.

Fase do corpo percebido ou descoberto (3 – 7 anos)

Considerando as experiências da fase anterior, a criança sofrerá uma evolução no plano da percepção. Nessa fase o nível do comportamento motor e o nível intelectual são pré-operatórios. Por serem baseados ainda no próprio corpo, estão submetidos à percepção e com isso sofrem distorções.

Fase do corpo representado

Esta fase caracteriza-se pela estruturação do esquema corporal, uma vez que a criança pode representar mentalmente seu corpo e controlar voluntariamente gestos desnecessários. A partir dos 10-12 anos é que irá dispor de uma verdadeira imagem em representação mental de seu corpo.

Para Piaget, nesta fase a criança encontra-se no período das operações concretas, etapa em que poderá representar de modo progressivo e consciente sua motricidade.

Num trabalho de estruturação da consciência corporal, é importante considerarmos exercícios que:

- exerçam controle tônico durante determinados deslocamentos, manipulações e movimentos;
- estimulem a consciência das diferentes partes do corpo da criança, promovendo movimentos das mais diversas formas e maneiras;
- proporcionem a imitação de gestos e atitudes;
- afirmem a lateralidade durante atividades espontâneas e exercícios de consciência do próprio corpo.

A estimulação da formação psíquica do esquema corporal deve ser uma ação educativa que vise facilitar o desenvolvimento da personalidade da criança, a fim de conduzi-la à autonomia de atitudes; com isso, ela conseguirá viver em harmonia com seu meio.

Coordenação motora

Um movimento coordenado implica uma ação conjunta e harmoniosa de nervos, músculos e órgãos, com a finalidade de produzir ações cinéticas equilibradas, precisas e reações rápidas adaptadas a uma situação. Mediante atividades que ajudem na descoberta do corpo e das suas diferentes partes, movimentos com maior firmeza e refinamento começarão a ser produzidos.

Os movimentos, inicialmente involuntários, tornam-se intencionais à medida que a criança toma consciência e controle dos segmentos corporais, o que ocorre no sentido proximal–distal. A eficiência no controle dos movimentos só será conseguida a partir dos 6-7 anos, fase em que se completa a maturação neuroperceptivo-motora.

O aperfeiçoamento progressivo da realização motora da criança só será mantido se a criança for capaz de sustentar um equilíbrio corporal em relaxamento ou em movimento. Até os 12 anos a coordenação deve ser desenvolvida, tendo partido de movimentos globais realizados pela criança em suas atitudes de experimentação, investigação e tentativas de ensaio e erro.

Percepção espacial

Trata-se da tomada de consciência, por parte da criança, da situação de seu próprio corpo em determinado ambiente com relação às pessoas e aos objetos circundantes.

Na criança, a noção de percepção começa a nascer desde as primeiras impressões sensórias, nos primeiros dias de vida. Com o avanço maturacional, a criança chega à compreensão e à locomoção, estando, portanto, em condições de manipular e explorar tudo o que a cerca.

A criança orienta suas necessidades e esquemas adquiridos, caracterizando dessa maneira um espaço *vivido*, a que Piaget chama de espaço *topológico*.

Na fase pré-escolar (3-7 anos), a criança passa do espaço *topológico* ao espaço *euclidiano*, justamente quando começa a descobrir as formas e as dimensões.

Ao utilizar o próprio corpo como referência na orientação espacial, ocorre uma evolução do esquema corporal.

Entre os 7 e 12 anos a criança conquista o espaço *projetivo*, isto é, os pontos de referência são exteriores a ela, sem a referência do próprio corpo. Para que ocorra uma boa evolução do corpo no espaço, o ambiente deve proporcionar um clima de segurança e tranqüilidade durante suas investigações.

Percepção temporal

Orientar-se no tempo é situar o presente em relação a um "antes" e a um "depois", e distinguir o rápido do lento.

O ritmo é um fator de estruturação temporal que favorece a adaptação do indivíduo ao tempo. É interessante que se entenda sua evolução desde a vida intra-uterina.

No nascimento, os ritmos anteriormente adquiridos começam a se ajustar aos ritmos do ambiente. Neste ajustamento que ocorre entre a criança e o meio, o tempo, o espaço e o desenvolvimento do esquema corporal estão estreitamente ligados.

Objetivando-se um equilíbrio na adaptação do indivíduo ao meio, no trabalho de percepção temporal, devemos ter a liberação do ritmo e a percepção das estruturas rítmicas.

De acordo com Piaget (1993), a criança começa a descobrir e a se desenvolver no mundo das pessoas e dos objetos pelo seu próprio interesse e necessidade. Partindo dessas necessidades é que a ação educativa do professor deveria ser regida.

Para suprir uma necessidade, a criança deverá passar pela experimentação e construção pessoal, o que a levará ao prazer da descoberta e da realização pessoal.

Esquema corporal e identidade do indivíduo estão diretamente relacionados, sugerindo que o primeiro começa a ser pré-concluído pelos pais mediante os sentimentos que estes manifestam em relação ao corpo da criança, tendo sua verdadeira origem no processo vivenciado no desenvolvimento e na diferenciação do bebê e da mãe.

Educação especial

Algumas pessoas utilizam o termo "excepcional" para se referir a uma criança particularmente inteligente ou a uma criança com talento pouco comum, ou até para qualquer criança que se desvia da normalidade. Aqui, definimos criança excepcional como aquela que apresenta uma ou mais das seguintes alterações: mentais, sensórias, neuromotoras e físicas, de comportamento social, de comunicação e deficiências múltiplas.

Essas diferenças devem ser suficientemente notáveis a ponto de requerer a modificação da prática nas escolas, pois é uma criança que necessita de serviços especiais para possibilitar o desenvolvimento da sua capacidade máxima. Segundo os especialistas, os níveis de deficiência mental determinam as possibilidades de educação. Quanto mais baixo o QI (quociente de inteligência), menor a possibilidade de se beneficiar dos programas educacionais. Estes níveis de QI são classificados, de acordo com a Associação Americana da Deficiência Mental (AAMD), em:

1. Deficiência Mental Profunda – QI abaixo de 20.
2. Deficiência Mental Severa – QI entre 20 e 34.
3. Deficiência Mental Moderada – QI entre 34 e 52.
4. Deficiência Mental Leve – QI entre 53 e 70.
5. Variações Normais de Inteligência (VNI) – QI entre 70 e 90.

Em termos educacionais, a classificação, descrita a seguir, é: deficiente mental Educável, Treinável ou Moderado, e Grave ou Profundo.

Deficiente Mental Educável é a criança que apresenta atraso mínimo nas áreas sensória e motora; durante a primeira infância nem sempre o diagnóstico é possível. Na idade pré-escolar, ela desenvolve habilidade sensória e de comunicação; quando observada sistematicamente, demonstra deficiência em conduta adaptativa, no desenvolvimento e na evolução de aspectos da cognição.

Na idade escolar apresenta dificuldades gerais e/ou específicas psicomotoras, assim como atraso na linguagem.

Em virtude de seu desenvolvimento subnormal, é incapaz de se beneficiar com o programa regular, mas é considerada capaz de se desenvolver em três áreas: educabilidade em assuntos acadêmicos no nível primário; educabilidade em adaptação social até o ponto de poder progredir independentemente na comunidade, e adequação ocupacional a ponto de poder se sustentar de forma parcial quando adulta.

Sendo assim, o deficiente mental educável não é reconhecido como tal nos primeiros anos de vida. A maior parte do tempo o retardo não é evidente, pois não se mede a criança por seu conteúdo intelectual durante os anos pré-escolares.

A priori, o portador de deficiência mental educável pode ser identificado na época em que a capacidade de aprendizagem torna-se uma parte importante das expectativas sociais.

Os *Deficientes Mentais Treináveis ou Moderados* apresentam um atraso mais acentuado nas áreas sensórias e motoras, durante a primeira infância e na idade pré-escolar. Eles demoram para aprender a se comunicar, a andar. Obtêm êxito nas propostas pedagógicas relacionadas com o autocuidado e em atividades que não exigem organização lógica e capacidade de elaboração.

As dificuldades maiores se concentram na aprendizagem de habilidades acadêmicas em todos os aspectos funcionais e em adquirir independência total na idade adulta.

A pessoa treinável é capaz de conseguir cuidar de si própria, vestir-se, usar toalete, alimentar-se; ter capacidade de proteger-se dos perigos comuns no lar, na escola e vizinhança; ajustar-se socialmente ao lar e compartilhar, respeitando direitos da propriedade e cooperando na unidade familiar e comunitária; ter utilidade econômica, trabalhando em lugares com ambientes especiais, ou trabalhos rotineiros com supervisão.

O *Deficiente Mental Grave ou Profundo* apresenta grande limitação com atraso muito acentuado nas áreas sensórias e motoras; o contato e a comunicação com o meio muitas vezes são bastante prejudicados, dependendo do quadro clínico. Associado ao déficit global do desenvolvimento cognitivo, ele se torna quase totalmente dependente, pois tem deficiências múltiplas que muitas vezes interferem nos procedimentos de instrução normal. Um exemplo seria apresentar, além da deficiência mental, paralisia cerebral e perda auditiva.

Algumas informações sobre a Síndrome de Down

De acordo com o Projeto Down (1985), Síndrome de Down é em essência um atraso do desenvolvimento, tanto das funções motoras como das funções mentais. Um bebê com Síndrome de Down é pouco ativo, hipoativo e hipotônico, com tônus diminuído, diminuindo durante seu crescimento a hipotonia, e suas etapas do desenvolvimento, embora lentamente, vão surgindo. Constituem essas etapas atos motores como sustentar a cabeça; virar-se na cama; engatinhar; sentar; andar e falar.

A palavra "síndrome" significa um conjunto de características que prejudicam de algum modo o desenvolvimento ou o desempenho do indivíduo. Há alguns sinais físicos que auxiliam no diagnóstico, de acordo com o Projeto Down, de 1985. São eles: hipotonia; abertura das pálpebras inclinadas, com a parte externa mais elevada; língua protusa; prega única na palma da mão.

Sabemos que um dos itens que caracterizam o portador da Síndrome de Down é o funcionamento intelectual abaixo da média, associado à dificuldade de adaptação ou de eficiência para o indivíduo responder aos padrões de independência pessoal e responsabilidade individual e social esperados por idade e grupo cultural.

Sendo assim, o mais importante é não fixar idades para a aquisição de habilidades, pois há grande variação no desenvolvimento. Devemos conhecer as limitações e o potencial de cada aluno e esperar dele o que está dentro de sua capacidade.

A criança portadora de Síndrome de Down deve ser estimulada como qualquer outra. Suas iniciativas devem ser valorizadas, mas é necessário que ela conheça, como qualquer outra, as regras e os limites de um jogo, pois é normal que apresente dificuldade para reconhecê-los. Portanto, o mais importante não é fixar idades para a aquisição de suas habilidades, uma vez que há grande variação no desenvolvimento, principalmente se respeitarmos a estruturação com divisão em fases, pois pode acontecer de a criança portadora da Síndrome de Down vivenciá-las fora da faixa etária referente à biológica, em razão do nível de QI, de seu ritmo, de suas características e do amadurecimento do Sistema Nervoso Central (SNC). Essas fases ocorrem e se desenvolvem num espaço e tempo, por isso é tão importante não fixarmos idades para tais aquisições, pois o resultado poderá ser a longo prazo sem deixar de valorizar todo e qualquer trabalho realizado pelo grupo de crianças que, experimentando, investigando, explorando e manipulando, chegará ao prazer da descoberta e da realização pessoal.

Algumas informações sobre a Paralisia Cerebral

Paralisia Cerebral é um distúrbio do movimento e da postura, persistente, surgido nos primeiros anos de vida, causado por uma lesão cerebral não progressiva, sendo variável pela interferência do desenvolvimento do Sistema Nervoso Central (SNC).

Uma proporção bastante significativa desses pacientes apresenta defeito motor associado a prejuízos intelectuais, sensitivos, visuais, auditivos e outros.

A Paralisia Cerebral (PC) é a seqüela de uma agressão encefálica que se caracteriza primordialmente por uma alteração persistente, porém não variável, do tônus, da postura e do movimento, surgida na primeira infância, e não é somente secundária a uma lesão, mas deve-se também à insuficiência que a referida lesão exerce sobre a maturação neurológica.

Na etiologia, a condição de hereditariedade também é aceita, além de eventos ocorridos durante a gravidez, o parto, o período neonatal ou nos dois primeiros anos de vida como fatores que provocam o quadro definido como paralisia cerebral.

Para que o termo paralisia cerebral seja usado de forma adequada necessita-se de algumas condições: uma delas é que não seja progressiva e a causa deverá ser fixa, estar presente nos dois primeiros anos de vida e manifestar-se principalmente por uma desordem da postura.

Fica explícito que, embora decorra de uma condição fixa, certas características podem se modificar em razão de fatores biológicos, diretamente relacionados com o processo de maturação do Sistema Nervoso Central e em decorrência de fatores ambientais e circunstanciais.

Em 1893, Freud publicou um texto sobre a importância dos prejuízos associados aos aspectos motores da paralisia cerebral, os quais foram de grande importância para o tratamento de algumas crianças.

O termo passou a ser conhecido após trabalhos iniciais de Little publicados em 1843 e 1862. Naquela ocasião ele descreveu um tipo específico de paralisia cerebral, ou seja, a diplegia espástica, e a relacionou, pela primeira vez, como decorrente de anoxia perinatal.

Existem várias classificações atualmente aceitas pelo Comitê da Academia Americana de Paralisia Cerebral (1956).

A *espástica* define-se como o aumento do tônus muscular, que pode ser apreciado pela flexão e extensão dos vários grupos musculares existentes; aumento dos reflexos miotáticos, tônus e reflexos cutâneo-plantares, em crianças pequenas, levando-se em conta que nelas, em condições normais, a resposta geralmente é em extensão.

Nas formas *distônica* e *coreoatetônica*, predominam alteração do tônus, da postura e do movimento, caracterizando-se como uma disfunção do sistema motor extrapiramidal. Nesta forma de paralisia cerebral algumas vezes o tipo de prejuízo motor só se torna mais claro por volta dos dois ou três anos, podendo, até essa idade, a criança apresentar um quadro de atraso motor e hipotonia. Os movimentos involuntários se tornarão mais evidentes progressivamente, podendo associar-se com perdas auditivas.

Os pacientes com *ataxia* têm um distúrbio de coordenação dos movimentos em razão da dissinergia que apresentam. Com freqüência sua marcha se faz com o aumento da base de sustentação e eles podem apresentar tremor intencional. Crianças atáxicas por síndrome do desequilíbrio apresentam dificuldades de manutenção da postura e do equilíbrio e tendem a apresentar hipotonia e retardo mental.

A *hemiplegia* aplica-se àqueles casos em que há comprometimento motor de um lado corporal, podendo haver prejuízo mais acentuado no membro superior. Caso se apresente nos quatro membros, chamamos dupla hemiplegia ou tetraplegia.

A grande maioria das paralisias cerebrais insere-se no quadro misto; assim é que freqüentemente encontraremos pacientes espásticos que apresentam posturas e movimentos coreoatetóides.

Os prejuízos que caracterizam a paralisia cerebral na maior parte das vezes podem ser associados com epilepsia, retardo mental, dificuldades no aprendizado, distúrbios visuais, distúrbios da fala e perda auditiva. Está claro que tais prejuízos associados devem ser diagnosticados e tratados, a fim de se oferecerem ao paciente todas as oportunidades de otimizar seu potencial.

Já dissemos que o termo paralisia cerebral aplica-se a indivíduos com prejuízo motor presente, residindo a causa numa condição cerebral não progressiva, nos primeiros anos de vida. O defeito motor pode modificar-se com a evolução, de acordo com alterações do desenvolvimento do seu Sistema

Nervoso Central (SNC) e fatores externos, tais como problemas de linguagem, auditivos, visuais etc., podendo ser identificados e tratados convenientemente.

Portanto, o termo deve ser empregado de forma adequada de acordo com as definições aceitas. Os graus de paralisia cerebral variam no que se refere ao comprometimento, desde uma limitação mínima até os casos em que o paciente será sempre dependente, tamanhos os prejuízos presentes.

CAPÍTULO 3

Educando Crianças com Necessidades Especiais

As atividades do Plano de Educação Motora

Fase 1

Os objetivos específicos da Fase 1 são:

a) desenvolver atividades básicas, naturais, com movimentos simples, visando à formação da consciência corporal;

b) desenvolver o equilíbrio estático e dinâmico em diversas atividades e planos;

c) estimular habilidades perceptivo-motoras, visomotoras (lateralidade, localização espacial, coordenação motora global);

d) desenvolver a autoconfiança e o reconhecimento das principais partes do corpo;

e) desenvolver a percepção rítmica, a expressão corporal e as sensações (visual, auditiva e tátil);

f) desenvolver a criatividade por intermédio do teatro, dramatizando atividades do dia-a-dia.

Para desenvolver esses objetivos específicos, devem constar do planejamento, conforme a relação abaixo, as seguintes atividades e estratégias:

1. Andar/Correr
   - Sobre linhas retas, curvas, figuras geométricas; sobre uma prancha de equilíbrio, pneus, bancos, sacos de areia e corda.
   - Variando nas diversas formas: para a frente, para trás, lateralmente, na ponta dos pés, sobre os calcanhares.
   - Andar em diferentes ritmos assumindo posturas diversas.
   - Correr balançando os braços para cima, para baixo, para trás, sobre linhas retas, curvas, figuras geométricas e extensão do espaço.

2. Equilíbrio
   - Com deslocamento em bancos, linhas, cordas, pneus, pranchas de equilíbrio, com diferentes apoios, níveis, alturas e direções.

3. Saltar
   - Saltar alto, saltar baixo, deslocamento com saltinhos.
   - Saltar de diversas alturas, saltar obstáculos variados.

4. Trepar/Quadrupedar/Rastejar/Tracionar
   - Em bancos, espaldar, escada, plinto.
   - Sobre pneus, pranchas inclinadas, colchões.

- Dentro de arcos.
- Em linhas do espaço proposto, contornando obstáculos.
- Em jogos recreativos.

5. Transportar/Levantar
   - Materiais diversos com pesos diferentes.
   - Para locais preestabelecidos.
   - Transporte de objetos e entrega aos colegas e ao professor.
   - Por meio de jogos recreativos em grupo, individuais com adequação postural.

6. Chutar/Lançar/Arremessar/Receptar/Quicar
   - Bolas para os colegas.
   - Para alvos preestabelecidos.
   - Bolas lançadas na parede, em diferentes posições: com as duas mãos, com uma das mãos, com e sem deslocamento.
   - Sentado e em pé.
   - Variando a trajetória e a direção, e combinando diferentes movimentos.
   - Trabalhar esses conceitos em forma de circuito, jogos individuais ou em grupo.

7. Ritmo e Expressão Corporal
   - Repetir batidas de palmas, pés, bastões, latas, tacos de madeira.

- Andar, correr, marchar, acompanhando ritmos com músicas diferentes.
- Imitar movimentos feitos pela professora e pelos colegas.
- Ritmos com movimentos corporais sugerindo dança.
- Atividade com espelhos.

Fase 2

Nesta fase, tem-se como objetivos específicos:

a) aprimorar as atividades naturais, trabalhando a orientação espacial, a atenção e a concentração;

b) coordenar e adequar os movimentos do corpo diante das atividades propostas, envolvendo movimentos combinados;

c) desenvolver e aprimorar as habilidades perceptivo-motoras, visomotoras, lateralidade, localização espacial, coordenação motora global;

d) adequar a força muscular diante das atividades propostas;

e) desenvolver habilidades físicas básicas para uma participação bem-sucedida nas atividades, melhorando a resistência física;

f) desenvolver o respeito aos colegas e às regras em jogos simples competitivos;

g) executar exercícios de musculação com peso para fortalecimento da musculatura, correção postural e flexibilidade;

h) aprimorar ou desenvolver a percepção rítmica e a expressão corporal;

i) iniciar os fundamentos esportivos propostos pelas modalidades esportivas adequadas às possibilidades de interação social.

A seguir, as atividades e as estratégias para desenvolver tais objetivos específicos:

1. Andar/Correr

- Livremente pelo espaço.
- Sobre linhas retas, curvas, figuras geométricas, bancos, pneus e cordas.
- Na ponta dos pés, sobre os calcanhares em variados apoios, direção, transportando objetos em diferentes partes do corpo.
- Lateralmente sobre linhas, bancos etc.
- Com variação de movimentos, batendo palmas, pés e diversas partes do corpo.
- Correr ou andar com sincronismo de membros inferiores e superiores.
- Deslocar-se com mais velocidade em pequenas e longas distâncias com e sem obstáculos.
- Sobre linhas retas, curvas, figuras geométricas e com variação de movimento e ritmo, usando espaços livres ou demarcados com diversas partes do corpo.

2. Equilíbrio
   - Com e sem deslocamento, sobre linhas, bancos suecos, cordas, pneus, em forma de circuito, alterando alturas e direção.

3. Saltar/Transpor
   - Pequenos obstáculos.
   - Cordas paralelamente dispostas alternando a distância e a altura.
   - Saltar com as duas pernas ao mesmo tempo, ou alternando uma e outra.

4. Trepar/Quadrupedar/Rastejar/Tracionar
   - Em bancos suecos, espaldar e escadas.
   - Sobre pneus, bancos, pranchas inclinadas e colchões.
   - Por dentro de arcos, cordas suspensas, contornando obstáculos e mudando direções.
   - De maneira recreativa, circuitos e jogos.

5. Transportar/Levantar
   - Transportar materiais diversos para locais preestabelecidos, individualmente ou com auxílio de colegas e professor.

6. Chutar/Lançar/Arremessar/Quicar/Receptar
   - Conduzir a bola em diferentes direções, sobre linhas e obstáculos.

- Lançar materiais variados para colegas e professor, diversificando alvos preestabelecidos.
- Quicar bolas em diferentes direções, tamanhos e alternando as mãos.
- Quicar com e sem deslocamento em diferentes posições.
- Atividades poderão ser aplicadas em circuito, recreação.

7. Resistência pulmonar
   - Trabalhar expiração e inspiração por intermédio de atividades com bexiga, velas, fósforos, bolinhas de sabão, isopor, contas de colar, papel etc.

8. Expressão corporal e ritmo
   - Acompanhar diversos ritmos com várias partes do corpo.
   - Andar acompanhando ritmos diferentes.
   - Imitar e criar diferentes formas de movimento.
   - Executar movimentos de ginástica acompanhando ritmo e música.

Fase 3

Finalmente, nesta fase temos como objetivos específicos:

a) aprimorar o trabalho em espaços livres, destacando o limite do domínio corporal;

b) aprimorar o equilíbrio estático e dinâmico, com as habilidades físicas naturais, propiciando o controle de todas as partes do corpo;

c) aprimorar as habilidades perceptivo-motoras e viso-motoras, lateralidade, localização espacial, coordenação motora global, nomeação das partes do corpo, atenção e concentração na execução das solicitações;

d) desenvolver e aprimorar a percepção rítmica pelos movimentos de ginástica, exercícios de alongamento para aumento da flexibilidade e correção postural;

e) participar de jogos, circuitos, gincanas recreativas, visando a futuras atividades competitivas;

f) desenvolver trabalho mais intenso de respeito às regras em jogos e em contexto social;

g) acrescer as dificuldades dentro dos níveis de exigência, respeitando a individualidade de cada participante do grupo;

h) introduzir atividades de psicomotricidade que auxiliem no desenvolvimento.

1. Andar/Correr/Saltar

- Explorar os espaços livres de diferentes formas, com ou sem material.
- Transpor e desviar de obstáculos.
- Andar de diferentes formas.

- Trabalhar com espelho e imitação.
- Jogos recreativos.

2. Equilíbrio
   - Planejar atividades e circuitos combinando diferentes materiais e formas de equilíbrio.

3. Quicar/Lançar/Arremessar/Chutar/Receptar
   - Quicar bolas entre obstáculos, variando ritmo e trajetória.
   - Driblar obstáculos, lançando materiais diversos em alvos preestabelecidos, aprimorando o receptar para os colegas e o professor.
   - Chutar bolas, conduzir bolas em alvos definidos com e sem obstáculos.
   - Combinar as atividades com jogos recreativos.

4. Expressão corporal/Resistência pulmonar
   - Executar alguns movimentos de ginástica acompanhando o ritmo da música com palmas e instrumentos musicais.
   - Relaxar os membros inferiores e superiores com controle respiratório dos movimentos.
   - Trabalhar resistência pulmonar com materiais diversos e de variadas formas.

5. Jogos recreativos
   - Desenvolver atividades que englobem todos os métodos.

Avaliação

No desenvolvimento das atividades dessas três fases caberá ao professor supervisionar constantemente o aluno para que inicie a proposta de trabalho que poderá ser ou não com auxílio. Em alguns momentos, é mais aconselhável a observação, pois com uma orientação ocasional podem-se perceber a independência, a organização e a capacidade espacial e sensorial dos alunos. Assim, a avaliação é feita constantemente, podendo-se comparar as etapas de desenvolvimento pela adequação das dificuldades e exigências das atividades para cada aluno, respeitando a sua individualidade.

A seguir, após resumo do Plano de Educação Motora, são apresentadas algumas fichas importantes para o acompanhamento dos alunos. São modelos que podem ser adaptados de acordo com a sensibilidade do professor. Depois das fichas, é exposto um plano de aula, em que a atividade era Ginástica Rítmica Desportiva. A aula ocorreu na Faculdade de Educação Física de Santo André (Fefisa), onde é desenvolvido o programa para pessoas deficientes residentes nas redondezas. Há muitos anos venho desenvolvendo este trabalho, auxiliada pelos alunos voluntários da disciplina Educação Física Adaptada, selecionados da referida faculdade.

Resumo das atividades do Plano de Educação Motora

Objetivo	Conteúdo	Atividade Proposta	Recurso	Avaliação
• Aprimorar as atividades em espaços livres, delimitando-os com domínio corporal. • Aprimorar o equilíbrio estático e dinâmico, por meio de habilidades físicas naturais, buscando o controle de todas as partes do corpo. • Aprimorar as habilidades perceptivo-motoras, viso-motoras, lateralidade, localização espacial, coordenação motora global, atendendo às solicitações, demonstrando atenção e concentração na execução. • Desenvolver e aprimorar a percepção rítmica pelos movimentos de ginástica, exercícios de alongamento para aumento da flexibilidade e correção postural.	• Andar, correr, saltar. • Quicar, lançar, chutar, arremessar. • Ginástica rítmica desportiva. • Expressão corporal. • Resistência pulmonar.	• Andar de diferentes formas, • Espelho, museu de cera, sombras, imitação. • Explorar os espaços livres, demarcados, de diversas formas, com materiais de mão, transpondo obstáculos, com ou sem circuito. • Com jogos recreativos, corridas, estacionários, por meio de exercícios específicos, visando aos fundamentos do atletismo, diversificando ao máximo os recursos. • Montar atividades de equilíbrio associadas a outra em circuito, gincanas, jogos, combinando diversos materiais. • Diversificar os recursos utilizando os fundamentos do atletismo. • Combinar as atividades em jogos recreativos, circuitos, aprimorando os fundamentos esportivos do bimestre. • Implantar as caminhadas como atividade física visando ao contato social.	• Bolas diversas • Cordas • Sacos de areia • Tacos • Massas • Sacos de farinha e pano • Escadas de madeira • Plintos • Jornais • Tintas • Giz • Bexigas • Pneus • Jogos de encaixe • Bastões • Arcos • Bambolês • Pranchas inclinadas • Craft • Fantoches	• No desenvolvimento das atividades caberá ao professor supervisionar constantemente o aluno para que ele inicie a sua proposta de trabalho, com ou sem auxílio. • Em dados momentos, caberá a observação, possibilitando uma orientação ocasional e em que momento se pode ver a independência, organização e capacidade espacial e sensória dos alunos. • Conseqüentemente, a avaliação constante, podendo-se comparar as etapas de desenvolvimento de modo sistemático.

Resumo das atividades do Plano de Educação Motora (cont.)

Objetivo	Conteúdo	Atividade Proposta	Recurso	Avaliação
• Participar de jogos, circuitos, gincanas recreativas, visando, no futuro, a atividades competitivas • Desenvolver e aprimorar os fundamentos esportivos. • Iniciação às regras e participação ativa de jogos, respeitando regras e contexto social. • Acrescer as dificuldades dentro dos níveis de exigência, respeitando a individualidade de cada um como grupo. • Atividades de psicomotricidade que auxiliem no desenvolvimento.	• Jogos recreativos, treinamento e regras.	• Usar os conteúdos e recursos para aprimoramento integrado com o desenvolvimento dos alunos em quicar, lançar, arremessar, chutar e receber. • Acompanhar diversos ritmos com danças, karaokê, usando vários materiais, com colega e professor, sempre trabalhando todas as partes do corpo. • Desenvolver atividades de resistência pulmonar usando água, isopor, vela, papel, jornal, bolinhas de sabão, apitos d'água. • Implantar o treinamento esportivo com atividades específicas de forma recreativa, lúdica, associando regras. • Procurar desenvolver todos os conteúdos com brincadeiras populares, recreação, circuitos, campeonatos. • Aprimorar o autoconhecimento corpóreo, partindo para espaço temporal individual ou grupal.	• Quebra-cabeça • Boliche de latas • Jogo de argolas • Garrafas plásticas • Dominó esportivo • Vaivém • Amarelinha, caracol, taco • Bolinha de gude e tênis • Caixa de *freezer* • Tênis de sucata • Peteca • Bola no funil • Baralho esportivo • Pega-varetas • Corda grande • Taco de madeira • Rebatimentos • Latas de Nescau • Balanço de pneu • Discos e fitas • Cordas elásticas	• Ainda durante a avaliação, caberá adequar a dificuldade e a exigência das atividades a cada fase, respeitando a individualidade do aluno.

Ficha de avaliação do aluno ao iniciar o
Programa de Educação Motora

ALUNO: _____ DATA: ____/____/____

PROF.: _____

I — DESEMPENHO
— Desenvolvimento de habilidades físicas
— Desenvolvimento de habilidades perceptivo-motoras
— Coordenação visomotora
— Atenção e concentração
— Localização espacial

II — HABILIDADES SOCIAIS
— Comportamento em relação às atividades
— Comportamento em relação aos colegas e ao professor
— Características pessoais

III — CONCLUSÃO

OBSERVAÇÕES:

VISTO: _____   _____
       Diretor escolar   Professor

Ficha de avaliação durante o Programa de Educação Motora

Ficha de avaliação durante o Programa de Educação Motora

Aluno: _____

Prof.: _____ Mês/Ano: _____

OBSERVAÇÕES GERAIS:		
I — CONDUTAS NEUROMOTORAS			
	ATIVIDADES	OBSERVAÇÕES
ESQUEMA CORPORAL		
Pés	Extensão	
	Flexão	
	Rotação para a esquerda	
	Rotação para a direita	
Pernas	Flexão	
	Extensão	
	Elevar	
	Abaixar	
Coluna	Encostada na parede (de pé)	
	De cócoras, levantar sem desencostar da parede	
Braços	Circundação para a frente	
	Circundação para trás	
	Elevar os braços alternando	
Mãos	Abrir	
	Fechar	
Punhos	Flexão para baixo	
	Flexão para cima	
Cabeça	Rotação	
	Flexão	
	Extensão	
	Inclinar para a esquerda	
	Inclinar para a direita	

Ficha de avaliação durante o Programa de Educação Motora (cont.)

Abdome	Contrair	
	Relaxar	

		LATERALIDADE
Dominância	Pé	
	Mão	
Conhecimento dir./esq.	Em si próprio	
	No outro	
Independência dos segmentos	Braço	
	Perna	

II — CONDUTAS NEUROMOTORAS

Caminhar	Normalmente	
	Para a frente	
	Para trás	
	Para a direita	
	Para a esquerda	
	De cócoras	
	Ponta dos pés	
	Calcanhar	
Correr	Acelerado	
	Com progressão para a frente	
	Com progressão para trás	
Saltar	Pés unidos	No lugar
		Para a frente
		Para trás
		Para os lados
	Pés esquerdo/ direito	No lugar
		Para a frente
		Para trás
		Para os lados
		Para a frente e para trás

Ficha de avaliação durante o
Programa de Educação Motora (cont.)

Equilíbrio	Estático	Ponta dos pés	
		De cócoras	
		Pé direito elevado	
		Pé esquerdo elevado	
	Dinâmico	Sobre linha	
		Ponta dos pés	
		Calcanhar	
		Saltitando com o pé esq.	
		Saltitando com o pé direito	
		Saltitando com os pés unidos	
Respiração		Lenta	
		Rápida	
		Ruidosa	
		Silenciosa	
		Inspiração nasal	
		Expiração nasal	
		Inspiração bucal	
		Expiração bucal	
III — CONDUTAS PERCEPTIVO-MOTORAS			
Organização espacial		Em espaço grande	
		Riscos paralelos no chão	
		Andar em ziguezague	
Estruturação temporal		Acompanhamento rítmico	
		Seqüência temporal	

Avaliação inicial para participação em jogos
Educação pelo Movimento

ATIVIDADES	OBSERVAÇÕES
Marcha	
Salto	
Corrida	
Arremessar	
Agarrar	
Suspender-se	
Lateralidade	
Equilíbrio	
Orientação espacial	
Estruturação corporal	
Esquema corporal	
Postura global	

Ficha de avaliação da evolução para os Esportes Coletivos

OBSERVAÇÕES GERAIS:	
ATIVIDADES	**OBSERVAÇÕES**
Percepção e estruturação espacial	
Destreza e coordenação oculomanual	
Coordenação dinâmica global	
Equilíbrio e ajustamento corporal	
JOGOS PROPOSTOS:	

Educando crianças com necessidades especiais 69

Planos de aulas

Há alguns anos coordeno as atividades acadêmicas de Educação Física Adaptada, onde participam voluntariamente alunos da faculdade, no Programa de Ginástica Especial da Fefisa. As aulas são ministradas aos sábados, com parceria de uma escola particular da região. Este programa é divulgado por intermédio de cartazes e panfletos distribuídos em clínicas, escolas, clubes etc.

As aulas seguem sempre um plano previamente elaborado. Para exemplificar, são descritos alguns planos de aula: de ginástica rítmica, de basquete, de handebol, de futebol e vôlei.

Plano de aula de Ginástica Rítmica Desportiva

Material utilizado: arcos, fitas, maçãs, bexigas, caixas de papel e música.

Objetivo: conhecer a nova modalidade esportiva e adaptar-se, despertar a atenção para os movimentos e materiais diferentes a serem utilizados e adquirir noções de musicalidade.

O plano de aula visa à melhoria do condicionamento físico e das limitações da coordenação motora, bem como sociabilizar e oferecer condições de criatividade, lateralidade e graça na execução de movimentos.

Parte inicial

Demonstração de que todos os exercícios devem acompanhar o ritmo da música, com graça; as crianças deverão permanecer descalças e sobre os colchonetes; explicar o que é ginástica rítmica e cada material a ser usado. O aquecimento se dá pela música.

Parte principal

Arco

Atenção: Deixar espaço entre as crianças para que elas não se machuquem.

Noções a serem desenvolvidas: alto, baixo, dentro, fora, em redor, rápido, lento, lateralidade e giros com e sem deslocamento (saltando, andando, correndo etc.).

Balançar o arco como as crianças fazem com pneus (uma criança para outra ou para o monitor).

Demonstrar os exercícios ensinando as crianças a acompanhar o ritmo da música e a colocar graça na execução dos movimentos.

Bola (usaremos bexigas em vez de bolas de borracha)

Atenção: Deixar espaço entre as crianças.

- Bola na cabeça com as duas mãos (parado e em deslocamento para a direita e para a esquerda).
- Bola na cabeça segurando com a mão direita e com a esquerda (parado e em deslocamento).
- Tentar o deslocamento numa linha reta.
- Deslocar-se com a bola, ora na mão direita, ora na esquerda.
- Deslocar-se com a bola à frente e atrás do corpo, com as duas mãos.
- Rolar a bola por cima e por baixo das pernas.

- Rolar a bola pela frente e por trás do corpo, formando um círculo.
- Lançar a bola para cima e recuperá-la.
- Lançar a bola a um companheiro (ou monitor) e recebê-la de volta.
- Quicar a bola no chão e depois com um companheiro (em pé).
- Tentar rolar a bola dentro de uma caixa ou material adaptado.
- Idem, quicando a bola.

Fazer combinações de exercícios como:

- Avançar dois passos com a bola na cabeça, passar para a frente do corpo mais dois passos, dar um giro de 180 graus, lançar e recuperar a bola, dar mais dois passos, passar para a mão direita, mais dois passos e passar para a mão esquerda, dar dois passos para trás e retornar a bola sobre a cabeça.

Obs.: De acordo com o desempenho das crianças, aumentar a quantidade de exercícios e o grau de dificuldade.

Maçã

Atenção: Deixar espaço como segurança.
Em pé:

- Segurar a maçã com as duas mãos ao longo à frente e acima do corpo.

- Segurar com a mão direita e com a esquerda (braços abertos).
- Fazer círculos à frente do corpo, nas laterais direita e esquerda e acima da cabeça.
- Fazer balanceios seguidos de circunduções frontais e laterais, com e sem deslocamento.

Fazer combinações de movimentos com deslocamentos como:

- Caminhar, saltar, correr, ao mesmo tempo das circunduções com as maçãs.
- Segurar à frente, dar dois passos, um salto e levar a maçã acima da cabeça, dar um giro de 180 graus, saltar, abrir os braços e levar a maçã de uma mão para a outra etc.

Sentados:

- Fazer movimentos circulares com as pernas unidas tanto estendidas quanto flexionadas, deitar no colchonete e repetir movimentos circulares pelo corpo, ora deitando-se, ora sentando-se.
- Tocar as maçãs juntas numa batida leve, depois no solo (lados direito e esquerdo) e tocar na maçã, levemente, de algum companheiro (do que estiver mais perto ou do monitor).
- Fazer combinações de movimentos aumentando a quantidade de exercícios e o grau de dificuldade.

Fita (os exercícios devem ser praticados com as duas mãos)

Com graça, pegar o bastão com a fita, com uma das mãos, e levar a outra à cintura.

- Balançar o braço para a frente e para trás mantendo-o reto.
- Idem, caminhando para a frente.
- Idem, caminhando para os lados direito e esquerdo, balançando a fita em torno do corpo (frente e costas).
- Deslocar-se para a frente caminhando, saltando e correndo, sempre balançando a fita.
- Fazer pequenos arcos à frente do corpo e gradativamente ir aumentando o tamanho do arco (variar os círculos para a frente, para cima, para baixo, para os lados direito e esquerdo com acompanhamento da cabeça aos movimentos).
- Fazer hiperextensão de coluna.

Tentar fazer o "oito" (na vertical e na horizontal) e "serpentina" (procurando deixar a munheca sempre bem solta).

Fazer combinações de deslocamento e movimentos com a fita como:

- Parados, fazendo serpentinas pequenas, avançar três passos e aumentar o tamanho das serpentinas; dar um salto e fazer círculos pequenos à frente do corpo, e, aos poucos, aumentar o tamanho; dar um giro de 180 graus e, fazendo "oitos" pequenos e grandes, contar alguns passos fazendo círculos para o lado direito e em seguida para o esquerdo.

Parte final

Cânones rítmicos (imitar os movimentos como se estivessem diante de um espelho). Terminar a aula diminuindo a aceleração dos exercícios e trazendo as crianças de volta à calma.

Obs.: Neste tipo de aula podemos aproveitar para estimular o reconhecimento de materiais diferentes, realizar atividades da prática de ginástica individual e em duplas, sempre efetuadas com demonstrações e o auxílio e a segurança dos monitores.

Plano de aula de Basquete

Material utilizado: bolas, cones e arcos.

Objetivo: trabalhar as habilidades motoras dos alunos por meio de exercícios fundamentais do basquete como passes, recepção e arremessos.

Aquecimento: iniciar a aula com um aquecimento em que as crianças deverão saltar de um arco para outro, dentro e fora deles, correndo em torno dos arcos, pulando somente dentro e, depois, somente fora deles.

Parte principal

- Dividir a turma em duas colunas, quicando a bola no chão com as duas mãos até o final da quadra e voltar.
- Mesmo exercício, porém quicando a bola com uma mão na ida e com a outra na volta.

- Quicar a bola com as duas mãos e saltitar no ritmo até o final da quadra e voltar.
- Arremessar a bola ao alto e recebê-la andando, ir até o final da quadra e voltar.
- Ir até o final da quadra lançando a bola por sobre a cabeça, de uma mão para a outra.
- Colocar um arco em frente a cada coluna, e cada criança deverá quicar a bola em torno dele.
- Mesmo exercício em ziguezague por vários arcos dispostos na quadra.
- Ainda com os arcos no solo, as crianças, aos pares, deverão estar uma à frente e a outra atrás dos arcos e efetuar arremessos de peito para seu par, andando até o final da quadra e procurando não retirar os arcos dos lugares.
- Mesmo exercício com arremessos por cima da cabeça.
- Colocar um cone em frente a cada coluna, e cada criança deverá quicar a bola em torno dele.
- Mesmo exercício em ziguezague por vários cones dispostos na quadra.
- Ainda com os cones no solo, as crianças, em duplas, deverão estar uma à frente e a outra atrás dos cones e efetuar arremessos de peito para seu par, andando até o final da quadra e procurando não derrubar os cones.
- Mesmo exercício com arremessos por cima da cabeça.
- Por último, deixar que as crianças efetuem lançamentos livres na cesta.

Parte final

Terminar a aula diminuindo a aceleração dos exercícios e, por sua vez, trazer cada criança de volta à calma.

- Formando-se cerca de quatro ou cinco círculos, dependendo do número de crianças presentes, sentadas, deverão fazer passes para um aluno ou monitor que estiver no centro, ou seja, as crianças devem estar livres para escolher entre os diversos arremessos que lhes foram ensinados nas aulas de basquete.

- Mesmo exercício, simulando arremessos, porém sem material nenhum, para que as crianças observem qual a atitude e os movimentos efetuados por ela e por seu companheiro no arremessar e receber os passes.

Obs.: Nesta aula temos atividades individuais, em duplas e em grupo, sempre realizadas com ajuda, segurança e incentivo de monitores, tanto para quem acertar quanto para quem errar o exercício.

Plano de aula de Handebol

Material utilizado: bolas de borracha, jornal e meia, arcos, cones e a bola de handebol.

Objetivo: adaptar exercícios de handebol.

Aquecimento: duração de 15 minutos – os alunos deverão dispor de uma bola de jornal, andando por todo o espaço. Aos sinais, deverão executar os seguintes movimentos:

- jogar a bola para o alto e pegar antes que toque o solo;

- rolar a bola no solo (tipo boliche) lançando-a;
- passar a bola pelo corpo (cintura e pernas);
- rolar a bola no solo entre as pernas, realizando o desenho do número 8;
- lançar a bola para o alto e bater uma palma antes de pegá-la (aumentar o número de palmas);
- em duplas, de costas um para o outro, tocar as bolas entre as pernas e em seguida no prolongamento do tronco;
- em duplas, idem anterior, trocar as bolas nas laterais do tronco.

Parte principal

Antes do lanche: duração de 20 minutos – cada aluno deverá dispor de uma bola de borracha e executar os seguintes exercícios:

- driblar a bola;
- lançar para cima;
- jogar para o chão com as duas mãos e pegá-la novamente;
- jogar a bola de uma mão para a outra;
- em duplas, lançar a bola um para o outro, alternando os braços;
- ainda em duplas, realizar passe picado;
- ainda em duplas, realizar passe de costas com as duas mãos.

Circuito: duração de 30 minutos – haverá quatro estações:

1ª – Dispor cones em forma de ziguezague, e uma coluna de alunos atrás desses cones. Os alunos deverão driblar a bola entre os cones, ao final lançá-la para um monitor que estará à frente; o monitor devolve a bola ao aluno.

2ª – Dispor três arcos em coluna no solo e à frente um arco na parede. Os alunos, após a primeira estação, dirigir-se-ão para esta estação onde deverão pisar dentro dos arcos (três passadas) e ao final arremessar a bola dentro do arco da parede.

3ª – Dispor os alunos em colunas e, à frente, um arco na parede; na posição sentada o aluno realiza três abdominais e no final do terceiro arremessa a bola no arco.

4ª – O aluno, após o arremesso no arco, simulará um drible, um ataque e uma defesa com um monitor.

Parte principal

Após o lanche – exercícios:

- dispor os alunos em colunas, à frente estarão dispostos arcos, cada aluno com uma bola; ao sinal, o primeiro aluno correrá e colocará a bola dentro do último arco, voltará, tocará a mão do próximo e esse, por sua vez, correrá e colocará a bola no penúltimo arco, sucessivamente;
- formar colunas com números iguais de alunos: o primeiro aluno com uma bola passará por entre as per-

nas dos alunos da coluna, ao final voltará só a bola; o primeiro aluno recebe a bola e repete, sucessivamente;
- dispor cadeiras em colunas e realizar a brincadeira da cadeira, isto é, quando parar a música os alunos devem sentar na cadeira, mas ao andarem em volta das cadeiras devem estar driblando uma bola;
- dispor os alunos e os arcos em círculo; a brincadeira será com uma bola de handebol, realizando o jogo "batata-quente". Quando a bola queimar um aluno, ele deverá lançá-la no arco mais próximo, atrás dos alunos. Os monitores estarão segurando os arcos no prolongamento do corpo.

Plano de aula de Futebol

Material utilizado: bolas de jornal e de futebol de salão, cordas, arcos e cones.

Objetivo: fazer a iniciação ao futebol e familiarizar-se com as estações do ano.

Aquecimento: conhecendo as estações, andando, trotando, correndo, com variações de planos e direções.

Parte principal

Exercício 1: usar bolas de jornal e cordas para desenvolver a coordenação em geral, habilidade e controle de bola.

- Formação: colocar a corda sob o solo, fazer formas diversas com curvas e contornos. Fazer duas ou mais colunas, estando os primeiros alunos de cada coluna com uma bola.

- Execução: o primeiro aluno deverá ir conduzindo a bola de jornal pelo lado direito da corda, fazendo todas as curvas e contornos, evitando tocá-la; ao finalizar, deverá voltar pelo outro lado da corda.

Exercício 2: usar bolas de futebol de salão para desenvolver passe e recepção.

- Formação: quatro colunas, um monitor ou aluno à frente, distante mais ou menos dois metros de cada coluna; a bola fica com o primeiro aluno de cada coluna.
- Execução: o primeiro da coluna faz um passe e recebe novamente a bola. Deverá sair conduzindo-a e contornar o monitor ou aluno à frente; entregar a bola ao segundo da coluna e ir para o final dela.

Exercício 3: usar bolas de futebol de salão, cones e arcos para desenvolver passe, agilidade e coordenação.

- Formação: diversas colunas, à frente de cada coluna estarão mais ou menos cinco cones. Ao lado do último cone um monitor estará com um arco em pé.
- Execução: os primeiros de cada coluna deverão sair driblando entre os cones e, no final, chutar a bola fazendo com que ela passe dentro do arco.

Exercício 4: usar bolas de futebol de salão para desenvolver passe, coordenação e lateralidade.

- Formação: dividir os alunos por idade e fazer círculos; no centro deverá estar o monitor, depois um aluno.

- Execução: no início o aluno deverá fazer um passe para o que estiver à sua direita, depois para o da esquerda; o monitor ou aluno se colocará no centro do círculo e o passe sairá do centro para qualquer criança, e assim sucessivamente.

Exercício 5: usar bolas de futebol de salão para desenvolver drible e coordenação.

- Formação: dividir os alunos em quatro colunas; cada uma deverá estar nas quatro pontas da linha de vôlei; os primeiros de cada coluna com uma bola.

- Execução: os primeiros sairão ao mesmo tempo, driblando a bola sob a linha de vôlei, até chegar na próxima coluna; deverá entregar a bola para o próximo e passará a fazer parte da outra coluna (para não haver confusão, todos sairão para o lado direito).

Exercício 6: usar bolas de futebol de salão para desenvolver passe, recepção e coordenação.

- Formação: trios ou quartetos espalhados por toda a quadra.

- Execução: os alunos, com auxílio dos monitores, deverão fazer passes entre eles. É importante destacar que este exercício dará noção de jogo, permitindo que a criança perceba que precisa de outra pessoa para passar a bola.

Parte final

Exercício 7: usar bolas de futebol de salão e cones para desenvolver atenção, coordenação, agilidade e força de vontade, fundamentais para ser competitivo.

- Formação: duas colunas de frente para o gol, com um cone em frente; uma bola para cada coluna, que estará na frente do gol.
- Execução: cada aluno deverá sair, contornar o cone e fazer o gol; voltar correndo para o fim da coluna; vencerá a coluna que terminar primeiro.

Plano de aula de Voleibol

Material utilizado: bexigas pequenas e grandes, maçãs, arcos, cordas elásticas, bolas de borracha, jornais (para confeccionar bolas), bolas de voleibol, cartolina (desenhos de peixinhos, animais selvagens em extinção).

Objetivo: adaptar exercícios ao voleibol, desenvolver sociabilização, força, atenção e memorização, coordenação motora, agilidade, velocidade, equilíbrio e espírito de competição. Aproveitando a comemoração do dia do índio, em 19 de abril, este plano de aula inclui a inserção cultural dos alunos com necessidades, estando voltado para as atividades praticadas pelos índios como correr, nadar, caçar, dançar etc.

Aquecimento: após a entrada dos alunos, que será feita por uma "cortina" onde estará desenhada uma selva, serão colocados penachos indígenas e num grande círculo e ao som de uma música será dançada e cantar uma música que fala do índio e suas atividades (alunos e monitores).

Parte principal
- Colocar dois bancos suecos seguidos um do outro dos dois lados da quadra.
- Formar duas equipes com números iguais de alunos sentados nos bancos com as pernas abertas.
- Efetuar passes laterais para trás pelo lado direito e voltar (para a frente) pelo lado esquerdo (como se fossem índios remando). Ganha a equipe que remar mais rápido e terminar o exercício primeiro.
- Formar círculos com a mesma quantidade de alunos (competição), com um distribuidor ao centro, podendo o monitor ou algum aluno efetuar primeiro passes de peito e segundo, passes por cima da cabeça.
- Mesmo exercício, porém com bolas de jornal.
- Mesmo exercício, porém com bolas de voleibol (para que os alunos sintam a diferença entre as bolas).

Obs.: Deverá ser feita uma variação de exercícios para não desmotivar o aluno, e não poderá haver uma repetição muito insistente do mesmo exercício.

- Atravessar uma corda de um lado a outro da quadra com bexigas penduradas de acordo com a quantidade de colunas formadas. Cada aluno deverá vir andando, dar um "tapa" (como de fosse uma cortada) na bexiga e ir para o final de sua coluna. Em competição, substituir as bolas que forem estouradas.

- Atravessar uma corda na quadra, entre duas colunas de alunos, para efetuarem passes sobre as cordas de uma coluna para a outra, estando os alunos sentados quando a altura da corda for baixa e em pé quando estiver mais alta; dois monitores efetuarão as mudanças nas alturas das cordas.

- Formar colunas com o mesmo número de alunos, que deverão ir até o final da quadra jogando a bexiga para cima e apanhá-la; chegando no final da quadra, encontrarão um arco, onde deverão colocar a bexiga, sentar e estourá-la. Ganha a coluna que terminar primeiro e não vale estourar com as mãos. Deixar os alunos mais habilidosos efetuar o exercício com toques.

- Dispor os alunos em círculos com a mesma quantidade de crianças para que, entre eles, efetuem toques com uma bexiga grande; o círculo que ficar o maior tempo sem deixá-la cair no chão ganhará a competição.

- Dispor os alunos em colunas; cada aluno deverá tentar derrubar as maçãs que estarão à frente de cada coluna com bolas de borracha (jogo de boliche); a cada maçã, estarão coladas figuras de animais selvagens.

- Dispor os alunos sentados em seis fileiras, uma de frente para a outra; dessa forma, três fileiras ficarão de costas para os alunos das colunas seguintes. O aluno que estiver de frente para o outro, no primeiro lugar de uma coluna deverá dar um sinal (bater na boca imitando o som do grito de guerra dos índios). Ao ouvir o sinal, o aluno que estiver de costas arremessará a bola, tentando jogá-la por cima da corda elástica para o primeiro aluno que estiver de frente na outra fileira. No momento em que o aluno arremessar a bola, deverá virar-se de frente e o aluno que receber a bola deverá virar-se de costas e repetir o exercício.

Parte final

Descontração: quatro monitores serão índios (vestidos e pintados como tal), cada um com o rosto de uma cor. Um deles estará com o rosto preto e será um índio canibal. Estarão escondidos em pontos diferentes da quadra. As crianças deverão achar os quatro índios e cada índio encontrado fará na criança uma "marca tribal" com sua respectiva cor. A criança que conseguir as quatro marcas deverá dirigir-se ao local de partida, porém, se for pega pelo canibal, ele apagará uma de suas marcas, fazendo com que a criança tenha de voltar ao índio da cor respectiva que foi apagada. Os índios poderão mudar o local do esconderijo, e a cada criança que chegar ao local de chegada com todas as marcas será dado um prêmio.

CAPÍTULO 4

Relatórios de Aulas

Os alunos da Faculdade de Educação Física que participam do programa devem relatar não apenas o desenrolar da aula, como também todas as modificações necessárias para atingir os objetivos planejados. Esses alunos, como já mencionado, são voluntários, portanto, não é uma matéria do curso de formação de professor de Educação Física, mas, com certeza, é uma atividade paralela da graduação que trará benefícios futuros a esses profissionais.

Os primeiros contatos desses graduandos com os alunos deficientes são sempre tensos, embora eles sejam orientados com cuidado antes de iniciar sua atividade voluntária. Além de preencherem uma ficha em que relatam, entre outros, o porquê do interesse, várias entrevistas são realizadas.

A maior parte dos relatórios indica a satisfação com o trabalho, a capacidade em solucionar problemas com estratégias simples. Porém, como nunca foi feita uma compilação desses relatórios visando a um cunho científico ou a um aprofundamento, muito pouco pode ser aproveitado em termos de relatos, de planejamento e de desenvolvimento de fichas para acompanhar a evolução dos alunos. Por isso,

vamo-nos ater aos resultados da pesquisa do mestrado, pinçando alguns momentos interessantes. Começaremos pelo grupo com Síndrome de Down, depois pelo de crianças com Paralisia Cerebral.

No grupo de crianças com Síndrome de Down, o qual estudei no preparo da dissertação de mestrado, havia um menino hiperativo, Vinícius, que é o exemplo mais típico que tivemos de uma melhora geral com a Educação Motora. Em nosso primeiro contato parecia-nos que ele passava pela atividade sem se dar conta do que estávamos propondo. Percebemos isso no momento em que ele andou sobre a corda, a passos largos em vez de um pé na frente do outro, ou quando a proposta era desenvolver a marcha em várias superfícies, como sobre um pneu, corda, madeira, banco sueco. A voz de comando era andar com pernas afastadas, um pé na frente do outro, lateralmente, e Vinícius simplesmente andava, com seus passos enormes e rápidos. Outras crianças também apresentaram dificuldades, mas em outras habilidades específicas, como equilíbrio ou seguir a seqüência da atividade.

Quanto a perceber a seqüência e mantê-la na memória, notamos que Vinícius tinha esta habilidade preservada, pois ao apresentarmos uma proposta complicada ele a realizava muito bem. Observe-se a complexidade: sair de um arco somente utilizando um bastão, conduzir uma bola até o arco de outra cor; daí, deixar o bastão sobre esse arco, continuar efetuando saltos laterais de um arco a outro, conduzindo-se até a corda para os saltos com alturas diferenciadas. Nesta atividade, tão complexa, observamos dificuldades diversas, sendo a mais freqüente a de impulsão nos saltos.

Relatórios de aulas 91

Na aula seguinte, tínhamos como objetivo trabalhar a expressão corporal e o próprio corpo, proporcionando às crianças um conhecimento maior deste e do corpo do colega; despertá-las para a noção de tempo e espaço, para diferentes formas de trabalhar o corpo e para a força muscular. Com atividades corporais, buscávamos transpor os conceitos (acima, dentro, embaixo) anteriormente trabalhados com materiais para o próprio corpo e em relação ao corpo de outras crianças. A atividade foi iniciada com Vinícius o qual passava embaixo dos amigos em alturas e poses diferentes. Ele estava desatento, pisou no dedo da mão do seu colega, ampliou a passada em outra ocasião e tropeçou em uma criança, tudo em virtude da grande dificuldade de se aquietar, provocada pela hiperatividade. No entanto, sua atenção foi maior do que em outras aulas, apesar de a tarefa exigir que ele se movimentasse bastante.

Após utilizarmos o corpo do colega, nessa mesma aula, transpusemos esses conceitos para a mobília da sala de trabalho, utilizando carteiras, mesas, sem sair do lugar, onde os espaços laterais também eram limitados, e pudemos verificar que combinando conceitos e formas, como passar por móveis ou por seus colegas, as crianças necessitam de maior concentração para "lembrar" como deveriam realizar os movimentos em cada etapa da atividade.

Numa aula subseqüente, cada criança trouxe de casa um(a) boneco(a). A finalidade era que cada um imitasse seu(sua) boneco(a), modificando a pose, e repetidamente imitasse a posição. Era uma variação do jogo de estátua. Todo o trabalho foi realizado com música: na pausa da música virávamos estátua. Cada criança dançava no ritmo da música e quando esta parava também o faziam, sem se mexer. Nessa atividade, Vinícius teve grande dificuldade de permanecer "imóvel", em razão da hiperatividade e da pouca concentração.

Na aula de encerramento, em que utilizamos para trabalhar um painel de cores, diversos materiais de pintura e tinta a dedo, pudemos notar como Vinícius estava equilibrado. Cada aluno escolheu as cores que seriam usadas e estipulou os desenhos a serem realizados; unidos no chão sobre o craft, pintamos, desenhamos, colorimos o que nos deu vontade. Vinícius participou de forma absolutamente integrada; logo a seguir, as crianças ganharam bolas com guizo, experimentando pedir pelas cores, e escolheram diferentes atividades. Com outra criança, Vinícius jogou futebol, enquanto outra dupla jogava a bola um para o outro, e corriam em volta da mobília. O mais importante foi que percebemos, juntos, a possibilidade de trabalhar e dividir o material em grupo.

Com o grupo de crianças portadoras de PC trabalhamos com os mesmos objetivos desenvolvidos com as crianças SD, entretanto eles tiveram de ser adaptados para os deficientes físicos.

No início do trabalho com este grupo, utilizamos bexigas coloridas para estimular o deslocamento das crianças na sala, verificando as habilidades e o conhecimento do seu corpo, como mãos e pés. Uma das crianças que mais se beneficiaram do trabalho de Educação Motora foi Samara. Ela utiliza cadeira de rodas, portanto é dependente para locomoção.

94 Educação motora em portadores de deficiência

Relatórios de aulas 95

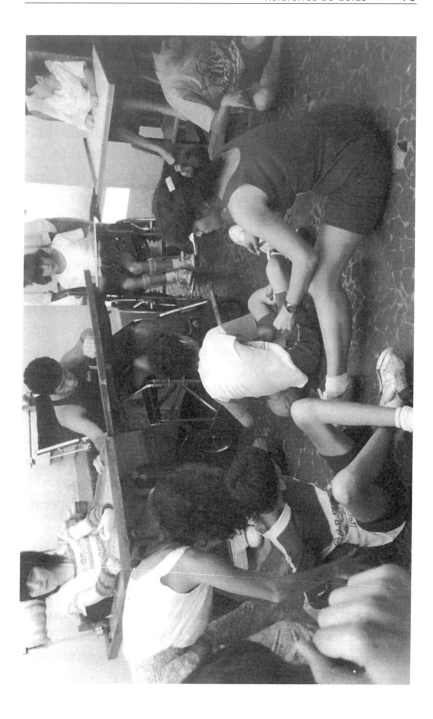

Para o manuseio das bexigas, Samara movimentou o corpo todo com a espasticidade nos membros superiores, característica do seu quadro de seqüelas da paralisia cerebral. Auxiliada, Samara conseguiu movimentar as pernas e os pés exibindo grande emoção e euforia. Ela quis estourar uma bexiga com o pé, e notamos alguns movimentos de flexão de joelho quando ela tentou pisar sobre a bola, que se estourou com Samara sentada.

Certa manhã, desenvolvemos uma atividade que consistia em andar sobre bancos suecos e, numa segunda etapa, andar com afastamento lateral, com um banco entre as pernas. Neste tipo de atividade, dificultosa para um deficiente físico, eu revezava o manuseio das crianças com a auxiliar.

Para alguns alunos foi difícil compreender a realização da segunda etapa, em que o trabalho era com os pés no chão e não sobre o banco. Os mais independentes precisavam ser corrigidos, pois tendiam a colocar os pés sobre o banco em vez de apoiá-los no chão para realizar a atividade.

Samara, que teve muita dificuldade em andar sobre um banco na primeira etapa, demonstrou mais facilidade na segunda, possivelmente por se tratar de uma superfície maior que não limita o apoio dos pés, e até porque suas pernas são arqueadas.

Em outra ocasião, o trabalho foi transferir o material (como bolas) de um lado para o outro, numa seqüência em que todos fariam a mesma coisa, trabalhando concentração, força, coordenação e controle da musculatura. É uma tarefa difícil, pois a grande maioria das crianças PC tem a tendência de manter as mãos fechadas, com o polegar voltado para dentro. Samara teve bastante dificuldade de tirar as bolas e

Relatórios de aulas 97

passá-las para o outro lado. À sua maneira, ela conseguiu realizar a tarefa com as costas das mãos, empurrando as bolas com os braços. Ela tem apreensão manual de mão esquerda, o que facilita pegar uma bola mais pesada, pois, ao contrário da maioria com as mãos fechadas, as suas são espalmadas. Esta é uma boa atividade em que se pode incluir a nomeação das partes do corpo a serem usadas.

Nas aulas em que utilizamos bexigas, notamos que a maior parte dos alunos se mostra mais solta, houve inclusive quem se recusasse a manusear a bexiga amarela, por não ser sua cor predileta. O conceito de cor, a nomeação, tudo é facilitado pela escolha da cor e da bexiga de sua preferência. Quanto a escolhas, neste tipo de atividade é possível decidir por estourar a bexiga com a boca, segurando-a entre as pernas e comprimindo-a com os dentes, ou sentando-se sobre ela, com os pés, e outras tantas formas.

Em determinada aula fizemos um trabalho de força, coordenação, direção, utilizando bolas com guizos, ventosa, borracha, para que eles atirassem na prancha, apertassem, rolassem a fim de sentir superfícies e trabalhos diferentes. O desempenho foi bastante variado, um aluno conseguiu pegar as duas bolas de espuma com as duas mãos sem dificuldade, demonstrando coordenação do movimento e capacidade de apreensão. Isso porque se tratava de um menino desprendido, que conseguia fazer tudo mais rapidamente, pois suas seqüelas são mais leves do que as dos demais, tornando-o mais independente.

A atividade prosseguiu, e depois a modificamos um pouco, solicitando aos alunos que segurassem as bolas e arremessassem ou as empurrassem para nós. Todos tinham cinco bolas iguais para iniciar juntos e terminar cada um a seu tempo. A atividade iniciou-se com Samara, que conseguiu pegar algumas bolas e arremessar, apesar de suas dificuldades – se comparadas às de Rafael, o aluno mencionado com melhor apreensão manual e, conseqüentemente, rapidez na execução da atividade –; conseguindo até torcida.

Em seguida, para trabalhar a força, fizemos a atividade de arremesso. As bolas estavam presas a uma ventosa, assim eles deveriam primeiro desprendê-la daquela ventosa. Samara teve bastante dificuldade em aplicar força para desprender a bola, no entanto, só parou quando conseguiu, pois é uma menina extremamente esforçada e, nessa situação, não permitiu que a auxiliassem, desempenhando um grande trabalho de força, a despeito das sincinesias integrantes do seu quadro.

Ainda, descrevendo um trabalho com bolas, realizamos uma atividade para introduzir a competição e um jogo, o futebol, usando bolas diversas, as quais deveriam ser movimentadas com os pés. Os alunos independentes conseguiram conduzir sozinhos a bola pela sala; todavia, os dependentes precisaram do nosso auxilio, do monitor e meu. Samara fez a atividade bastante empolgada, auxiliada por mim. Ela desenvolveu a proposta de forma apressada, chegando a dar saltinhos durante a atividade, o que não atrapalhou o seu desempenho.

Numa variação, os alunos deveriam pegar uma bola e soltá-la dentro do cesto utilizando bolas diversas a fim de desenvolver uma atividade esportiva, com um grupo de alunos trabalhando com o auxílio de professores e monitores logo após um percurso em que andavam, em duplas competindo à chegada. Esta atividade foi muito empolgante e as crianças vibraram, fazendo até torcida. Com o conceito de Educação Motora aqui utilizado, todo o corpo é valorizado e trabalhado sem deixar de lado a emoção, tão importante neste trabalho.

Outro trabalho em colchonetes e bolas diversas, com o intuito de rolar – o que exige a movimentação coordenada – foi muito difícil para Samara que iniciou a seqüência com dificuldade por falta de independência, porém, como é por demais esforçada, realizou todas as tarefas.

Após os rolamentos, passamos para a atividade de rastejar, finalizando com os arremessos das bolas ao longe. Como sempre, Samara encontrou grande dificuldade em rastejar e recusou auxílio, procurando fazer tudo sozinha. Na verdade, ela rolou e não rastejou; tirou as bolas do colchão com o corpo, e não com as mãos.

Referências Bibliográficas

AJURIAGUERRA, Julian de & MARCELLI, Daniel. *Manual de psicopatologia infantil*. 2ª ed. Porto Alegre: Artes Médicas; São Paulo: Masson, 1991.

AKSER, F. Nature Prognostic of Suzures in patients with cerebral paesy. *Med. Child Neurol*. 1990, pp. 66-8. v. 32.

AMARAL, M. J. C. "Aspectos psicológicos dos portadores de deficiência mental". In: *Revista da Sociedade Beneficente São Camilo*. São Paulo, 1987, pp. 46-53.

ASKEVOLD, F. Measuring body image. In: *Psychotherapy Psychosomatic*, 26 pp. 71-7, 1975.

BARRAQUER-BORDAS et al. *La paralisia cerebral infantil*. Barcelona: Editorial Científico Médico, 1966.

BLASCOVI-ASSIS, S. M. *Avaliação do esquema corporal em crianças portadoras da síndrome de Down*. Tese de mestrado. Campinas: Ed. da Unicamp, 1991.

BRAGANTI, Carlos R. *Corpo virtual: reflexões sobre a clínica psicoterápica*. São Paulo: Summus, 1987.

CORIAT, L. F. *Maturação psicomotora no primeiro ano da criança*. São Paulo: Cortez & Moraes, 1977.

DE MARCO, Ademir (org.). *Pensando a educação motora*. Campinas: Papirus, 1995.

FELDENKRAIS, Moshe. *Consciência pelo movimento*. 3ª ed. São Paulo: Summus, 1977. v. 5.

FORD, F. et al. Efficacy of daitrole sodium, in the treatment of spastie cerebral palsy. *Div., Med. Child Neurol.* 76, pp. 770-83. v. 18.

FREIRE, P. *Professora sim, tia não.* São Paulo: Olho d'Água, 1989.

FREUD, S. *Infantile cerebral paralysis.* Coral Gables, Florida, University of Miami Press, 1968.

GESELL, Arnold. *A criança dos 0 aos 5 anos.* São Paulo: Martins Fontes, 1989.

HERREN, H. & HARREN, M.P. *Estimulação psicomotora precoce.* Porto Alegre: Artes Médicas, 1982.

KIRK, Samuel A. & GALLAGHER, James J. *Educação da criança excepcional.* 2ª ed. bras. São Paulo: Martins Fontes, 1991.

KOGLER, Ely. "Você sabe o que é síndrome de Down?" In: Projeto Down. Centro de Informação e Pesquisa da Síndrome de Down, 1989.

LE BOULCH, Jean. *O desenvolvimento psicomotor: do nascimento aos 6 anos.* 4ª ed. Porto Alegre: Artes Médicas, 1982.

_____. *Psicomotricidade.* Ministério da Educação e Cultura, Secretaria de Educação Física e Desportos, 1983.

_____. *A educação pelo movimento. A psicocinética na idade escolar.* 3ª ed. Porto Alegre: Artes Médicas, 1986.

_____. *Educação psicomotora. A educação psicocinética na idade escolar.* Porto Alegre: Artes Médicas, 1987.

MERLEAU-PONTY, Maurice. *Phénoménologie de la Perception.* Paris: Gallimard, 1945. *Fenomenologia da percepção.* Rio de Janeiro: Freitas Bastos, 1971.

MOREIRA, Wagner Wey (org.). *Educação física escolar – uma abordagem fenomenológica.* Campinas: Edit. da Unicamp, 1991.

_____. *Educação física e esportes – perspectivas para o século XXI.* 2ª ed. Campinas: Papirus, 1993.

_____. *Corpo pressente.* Campinas: Papirus, 1995.

PIAGET J. *La naissance de l'intelligence chez l'enfant.* Genebra/Paris: Delachause et Niestlé, 1936.

_____. *A representação do espaço na criança.* Porto Alegre: Artes Médicas, 1993.

PICQ, L. & VAYER, P. *Educação psicomotora e retardo mental.* 4ª ed. São Paulo: Manole, 1985.

RUDIO, F. V. *Introdução ao projeto de pesquisa científica.* 13ª ed. Petrópolis: Vozes, 1986.

SAMUEL, A. K. & JAMES J. G. *Educação na criança excepcional.* São Paulo: Martins Fontes, 1987.

SCHILDER, P. *The image and appearance of the human body.* Londres: Kegan-Paul and Co., 1935.

SCHWARTZMAN, J. S. Paralisia cerebral. In: Nobrega, F. J. *Clínica pediátrica.* Rio de Janeiro: Guanabara-Koogan, 1987.

_____. *Temas sobre desenvolvimento.* MEMNOM, 3, nº 13, jul./ago. de 1993, p. 8.

SANNER, G. *The dysequilibrium syndrome: a genetic study neuropaediatrics*, v. 4, 1973.

SEVERINO, Antonio Joaquim. *Educação, ideologia e contra-ideologia.* São Paulo: Edit. Pedagógica e Universitária, 1986.

VAYER, P. *Le dialogue corporel.* Paris: Doin, 1971.

VIEIRA E CUNHA, Manuel Sérgio. *Filosofia das actividades corporais.* Lisboa: Compendium, 1981.

_____. *Motricidade humana – uma nova ciência do homem.* Lisboa: Desporto e Sociedade, Ministério da Educação e Cultura, Direcção-geral dos Desportos, 1986.

_____. *Para um desporto do futuro.* Lisboa: Desporto e Sociedade, Ministério da Educação e Cultura, Direcção-Geral dos Desportos, 1986.

_____. *Educação física ou ciência da motricidade humana?* Campinas: Papirus, 1989.

VIGOTSKY, L. C. *A formação social da mente: o desenvolvimento dos processos psicológicos superiores.* São Paulo: Martins Fontes, 1994.

WALLON, Henri. *Do acto ao pensamento: ensaio de psicologia comparada.* Lisboa: Moraes, 1979.

Outras fontes

MONTENEGRO, Oswaldo. *Oswaldo Montenegro ao vivo.* Faixa 3, lado A, Nome. Som Livre, 1989.

Sobre a Autora

A professora Chrystianne Simões Frug tem o raro talento de aliar seu conhecimento pedagógico a uma sensibilidade que a torna especial, como especiais são seus alunos. Sua beleza interior e a transparência com que conduz sua vida a fazem querida de todos.

Ela fortalece seus alunos e respectivos pais com atitudes e orientação visando ao futuro, oferecendo-lhes o que é de mais nobre para uma pessoa – a esperança e o amor. Este é o pilar que sustenta tudo a que ela se dedica e a razão principal de dividi-lo com seus leitores.

Chrystianne Simões Frug é possuidora de uma invejável formação acadêmica. Além de graduada em Educação Física, cursou até o terceiro ano de Psicologia, o que lhe confere uma habilidade que vai além da preocupação com o corpo, possibilitando entender as razões da mente e da individualidade de seus alunos. Na Fefisa fez os cursos técnicos de Recreação e especialização em Educação Física Escolar; na Unimep obteve o título de mestre em Educação o que se transformou em bases que aprimoraram a sua sensibilidade e a impressionante disposição e persistência na execução de qualquer projeto de sua vida, do mais simples ao que se apresente mais complexo.

O interesse da professora Chrystianne por cursos extracurriculares mostra a sua preocupação com teorias advindas de outras culturas, com o objetivo de oferecer sempre o que há de melhor para aqueles que estão sob sua supervisão. Nesse campo, ela demonstrou especial interesse pelos cursos promovidos pela Associação de Pais e Amigos dos Excepcionais de São Paulo (Apae), destacando-se Hidroginástica; Atendimento ao Portador de Paralisia Cerebral de Níveis Leve e Profundo; Terapias Alternativas da China, Índia e Japão; Dançaterapia Aplicada na Terceira Idade, Princípios da Pedagogia Waldorf; Natação e o Deficiente Mental e Criatividade Corporal na Psicomotricidade.

Não obstante a dedicação e o entusiasmo por sua área de atuação, Chrystianne participou de congressos, seminários e encontros, enriquecendo seu imenso potencial intelectual, incluindo curso de especialização em Mitologia Grega, com destaque para sítios arqueológicos da Itália, Grécia e Turquia, o que mostra claramente a sua versatilidade e preocupação com a história da humanidade, podendo entender melhor a evolução física e social do ser humano, habilidade necessária para trabalhar com os portadores de deficiência. Ela, com certeza, sabe como ninguém acompanhar o desenvolvimento dessas pessoas e, sem dúvida, vibrar a cada evolução conseguida em cada aluno.

O talento e a capacidade da professora Chrystianne nos deixam tranqüilos para apresentar mais um projeto com a sua qualidade, uma grife de excelência que muito nos engrandece por compartilharmos da sua convivência e certamente de quem tem o privilégio de aprender com os seus ensinamentos também em dezenas de palestras, seminários e cursos ministrados na capital paulista e em cidades do interior do estado de São Paulo, como Marília, Sorocaba, Campinas, São José dos Campos, alguns sob o patrocínio da Secretaria de Educação do Estado.

Todos esses atributos de Chrystianne Simões Frug a fazem merecedora de atuar como professora e coordenadora da "Escola de Aplicação" na Faculdade de Educação Física de Santo André (Fefisa), da qual sou diretora.

É uma satisfação imensurável participar da concretização de mais um projeto da professora, e ao mesmo tempo contar com o seu profissionalismo e a sua amizade.

Dra. Dinah Zekcer
Profa. Zilda Kleez

leia também

CONHECENDO MELHOR A DOENÇA DE PARKINSON
UMA ABORDAGEM MULTIDISCIPLINAR COM ORIENTAÇÕES PRÁTICAS PARA O DIA-A-DIA
João Carlos Papaterra Limongi (org.)

Este livro esclarece as mudanças que a enfermidade ocasiona, auxiliando o portador e sua família. Inclui informações sobre a doença em si, ilustrações de exercícios físicos, recomendações para melhorar o desempenho no falar e esclarecimentos sobre alimentação adequada.
REF. 60055   ISBN 85-85689-55-2

POSSIBILIDADES DE HISTÓRIAS AO CONTRÁRIO
OU COMO DESENCAMINHAR O ALUNO DA CLASSE ESPECIAL
Anna Maria Lunardi Padilha

Numa perspectiva histórico-cultural do desenvolvimento humano, a autora acompanhou "um caso de risco" mudando condições de uma história escolar. A partir daí, discute a trajetória por que passam crianças deslocadas da classe regular para a especial, destacando as incosistências teóricas das instituições responsáveis pelo encaminhamento.
REF. 60030   ISBN 85-85689-30-7

PORTAS ENTREABERTAS
CRESCENDO COM OS LIMITES DE MINHA FILHA
Yvonne Meyer Falkas

Um comovente e raro depoimento de uma mulher que expõe suas dúvidas, medos e acertos na trajetória de reabilitação de sua filha autista – que parecia ser uma "menina sem estrela". Uma contribuição valiosa na compreensão dos desvios de comunicação e do tratamento desse quadro de distúrbio grave no desenvolvimento de uma criança.
REF. 60002   ISBN 85-85689-02-1

SUPERANDO OBSTÁCULOS
A LEITURA E A ESCRITA DE CRIANÇAS COM DEFICIÊNCIA INTELECTUAL
Maria Elisabeth Grillo

A obra descreve a atuação da autora no processo de alfabetização de cinco crianças com deficiência mental. Utilizando a teoria construtivista como base, Elisabeth mostra, passo a passo, como os alunos foram capazes de construir significados ao longo do processo de aprendizagem. Trabalho pioneiro na área, que merece a atenção de educadores, pais, terapeutas, lingüistas e fonoaudiólogos.
REF. 60085   ISBN 978-85-85689-85-8

IMPRESSO NA
sumago gráfica editorial ltda
rua itauna, 789   vila maria
02111-031   são paulo   sp
telefax 11 **6955 5636**
sumago@terra.com.br

------------ dobre aqui ------------

CARTA RESPOSTA
NÃO É NECESSÁRIO SELAR

O SELO SERÁ PAGO POR

AC AVENIDA DUQUE DE CAXIAS
01214-999 São Paulo/SP

------------ dobre aqui ------------

EDUCAÇÃO MOTORA EM PORTADORES DE DEFICIÊNCIA

plexus

CADASTRO PARA MALA-DIRETA

Recorte ou reproduza esta ficha de cadastro, envie completamente preenchida por correio ou fax, e receba informações atualizadas sobre nossos livros.

Nome: _____ Empresa: _____
Endereço: ☐ Res. ☐ Coml. _____ Bairro: _____
CEP: _____-_____ Cidade: _____ Estado: _____ Tel.: ( ) _____
Fax: ( ) _____ E-mail: _____
Profissão: _____ Professor? ☐ Sim ☐ Não Disciplina: _____ Data: de nascimento: _____
Grupo étnico principal: _____

1. Você compra livros:
☐ Livrarias ☐ Feiras
☐ Telefone ☐ Correios
☐ Internet ☐ Outros. Especificar: _____

2. Onde você comprou este livro? _____

3. Você busca informações para adquirir livros:
☐ Jornais ☐ Amigos
☐ Revistas ☐ Internet
☐ Professores ☐ Outros. Especificar: _____

4. Áreas de interesse:
☐ Fonoaudiologia ☐ Terapia ocupacional
☐ Educação ☐ Corpo, Movimento, Saúde
☐ Educação Especial ☐ Psicoterapia
☐ Outros. Especificar: _____

5. Nestas áreas, alguma sugestão para novos títulos?
_____

6. Gostaria de receber o catálogo da editora? ☐ Sim ☐ Não

Indique um amigo que gostaria de receber a nossa mala-direta

Nome: _____ Empresa: _____
Endereço: ☐ Res. ☐ Coml. _____ Bairro: _____
CEP: _____-_____ Cidade: _____ Estado: _____ Tel.: ( ) _____
Fax: ( ) _____ E-mail: _____
Profissão: _____ Professor? ☐ Sim ☐ Não Disciplina: _____ Data de nascimento: _____

Plexus Editora
Rua Itapicuru, 613 7° andar 05006-000 São Paulo - SP Brasil Tel.: (11) 3872-3322 Fax: (11) 3872-7476
Internet: http://www.plexus.com.br e-mail: plexus@plexus.com.br

cole aqui